I0839762

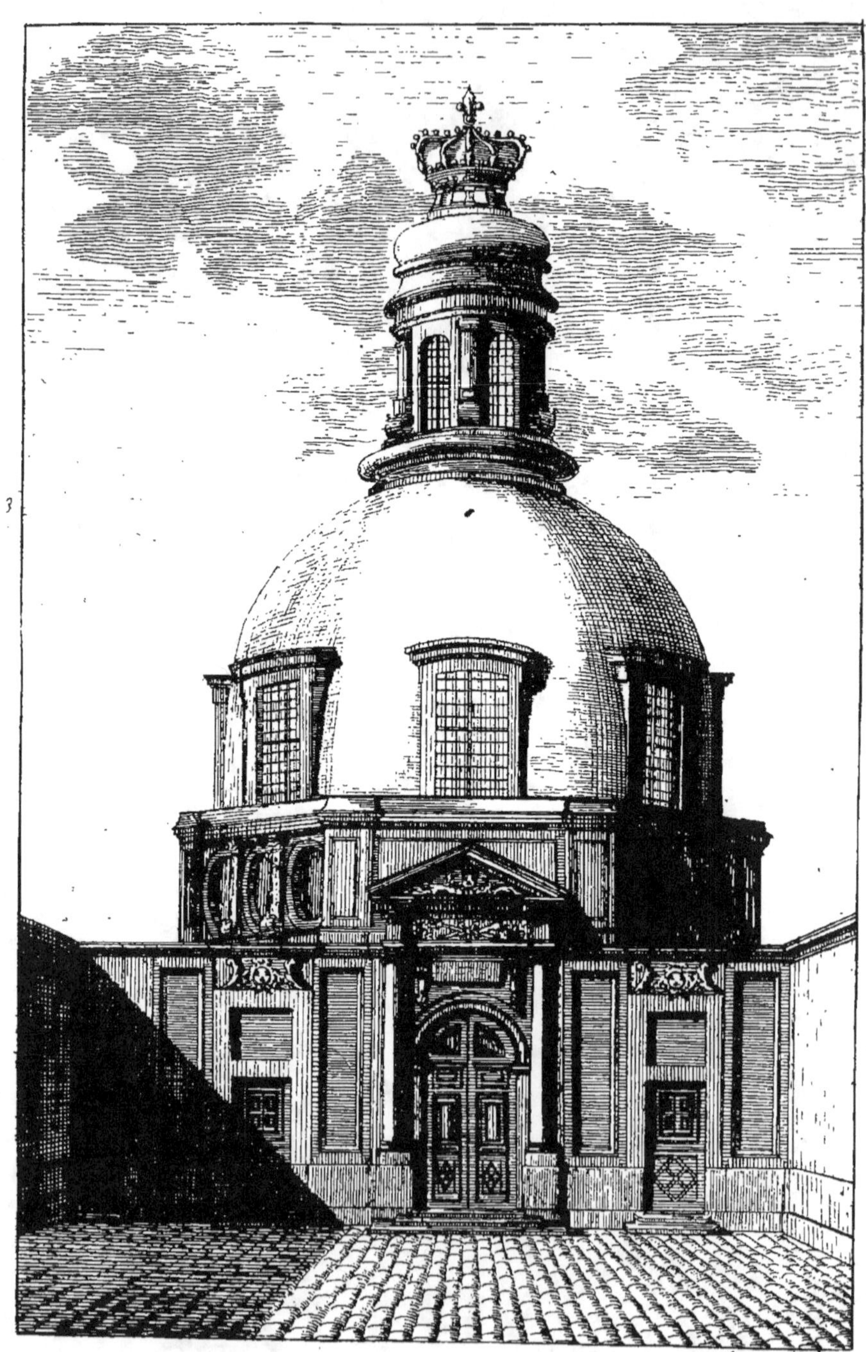

FRONTISPICE

DE L'ÉCOLE ROYALE GRATUITE DE DESSIN.

MÉMOIRE

SUR

L'ADMINISTRATION

ET

LA MANUTENTION

DE

L'ÉCOLE ROYALE

GRATUITE

DE DESSIN.

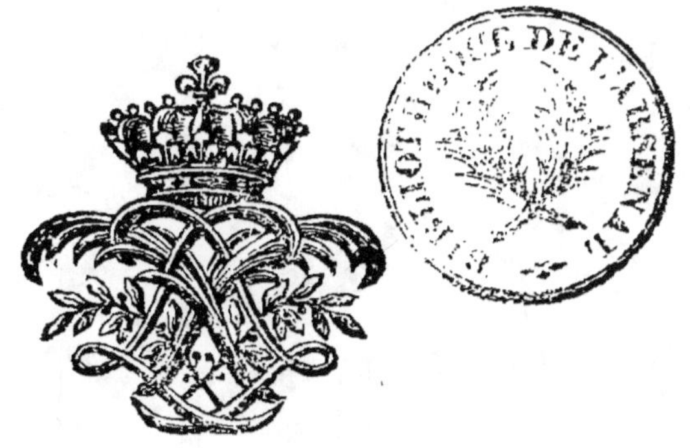

A PARIS,

DE L'IMPRIMERIE ROYALE.

M. DCCLXXXIII.

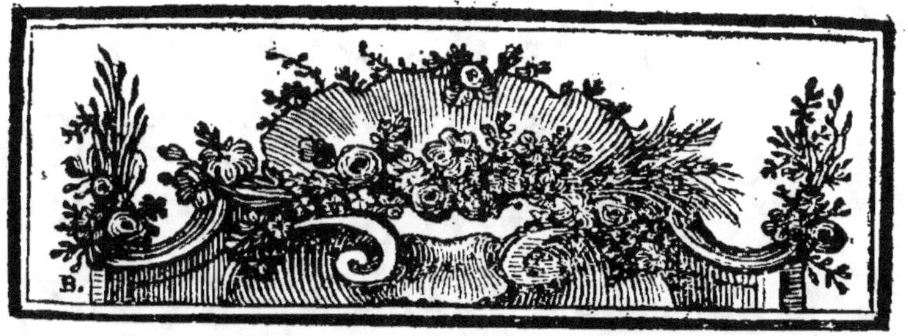

ÉCOLE ROYALE
GRATUITE
DE DESSIN.

ADMINISTRATION.
LE ROI, Protecteur.

Président.

M. LE NOIR, Conseiller d'État, Lieutenant général de Police, en son hôtel, *rue des Capucines.*

Directeur & Administrateurs, suivant l'ordre de leur élection.

Messieurs

BACHELIER, Peintre du Roi, Professeur de son Académie royale de Peinture, Directeur, *rue des Cordeliers, dans le chef-lieu de l'École.*

PARSEVAL DES CHESNES, Secrétaire du Roi, *quai de la Tournelle.*

A

Messieurs

Le Duc D'HARCOURT, *rue de l'Université.*

L'Abbé POMMYER, Conseiller de Grand-Chambre, *rue de Brac au Marais.*

Le Comte DE BRÉHAN, *rue Vivienne.*

Le Comte DE BLANGIS, *à Caen.*

COCHIN, Chevalier de l'Ordre du Roi, & Conseiller de son Académie de Peinture, *aux galeries du Louvre.*

1770. HUGUET DE MONTARAN, Secrétaire du Conseil des Finances, ancien Administrateur & Secrétaire perpétuel, *rue Vivienne.*

POUTEAU, Caissier, *rue des Saints-Pères.*

SOINOURY, Chirurgien de Madame Comtesse d'Artois, *rue de Bourbon, faubourg Saint-Germain. Officier de santé.*

Études.

MALHORTIE, Inspecteur & Professeur pour l'Architecture, la Coupe des pierres, la Perspective & les Mathématiques, *petit marché de Saint-Jacques: Toute la semaine.*

GODEFROY, grand Prix de l'Académie, Professeur pour la Figure & les Animaux, *quai Bourbon île Saint-Louis: Mardi & Vendredi.*

MOITTE, premier Médailliste de l'Académie, Professeur pour l'Ornement & les Fleurs, *rue du Hurpoix: Mercredi & Samedi.*

Messieurs

THIERRY, Adjoint pour l'Architecture, la Perspective & les Mathématiques, *rue Poupée:* *Lundi & Jeudi.*

DE FRESNE, premier Médailliste de l'Académie, Adjoint pour l'ornement & les fleurs, *rue Serpente: Mercredi & Samedi.*

CHATELAIN, premier Médailliste de l'Académie, Adjoint pour la figure & les animaux, *rue Montorgueil: Mardi & Vendredi.*

LISTE

Des Fondateurs de l'École royale gratuite de Dessin.

LE ROI.

MONSIEUR, FRÈRE DU ROI.
M.gr COMTE D'ARTOIS.
MADAME VICTOIRE.
M. LE DUC D'ORLÉANS.
M. LE DUC DE CHARTRES.
M.me LA DUCHESSE DE CHARTRES.
M. LE PRINCE DE CONDÉ.
M. LE DUC DE BOURBON.
M. LE DUC DE PENTHIÈVRE.
M.me LA PRINCESSE DE LAMBALLE.

A ij

Messieurs

ABLOIS (d'), *Intendant de la Rochelle.*

Agincourt (d').

Ailly (Comte d').

Ailly (d').

Alancy (d').

Albert (Marquise d').

Alliot.

Angiviller (Comte d') *Directeur général des Bâtimens du Roi.*

Anisson du Peron, *père & fils.*

Aumont (Duc d'), *décédé.*

Auteurs (les) du Journal de Paris.

Autichamp (Marquis d').

BACHELIER, *Directeur.*

Baer.

Balue.

Barbier.

Bari (Comtesse du).

Bazard, *Prévôt général des Monnoies.*

Beauharnais (le Comte de).

Beaumanoir (de), *décédé.*

Beauvau (Princesse de).

Bellanger, *Conseiller d'État.*

Bellescyse (de), *Évéque de Saint-Brieuc.*

Berghes (Princesse de).

Bertin (Madame).

Messieurs

Bertin (l'Abbé), *Conseiller d'État.*

Beuvron (Marquis & Marquise de).

Bezenval (Baron de).

Billarderie (Marquis de la).

Bignon.

Biron (la Maréchale de).

Blangy (Comte de), *Administrateur.*

Boisgelin (Comtesse de).

Boisseulh (Comte de).

Bombelle (Comte de).

Bombelle (Marquis de).

Bondy (de), *Receveur général des finances.*

Bonnelle du Valquier.

Borda, *Fermier général.*

Borde (la), *Fermier général.*

Boufflers (Comtesse de).

Bouley.

Boullongne (M. & Madame de).

Bourgade.

Boutillier (Marquis de).

Boutin, *Conseiller d'État.*

Boutin, *Receveur général des finances, ancien Administrateur.*

Brancas (Duc & Duchesse de).

Brancas (Comte de), *ancien Administrateur.*

Brancas (Comtesse de).

Brancas (Marquis de).

Messieurs

Braffac (Comte de), *ancien Adminiftrateur.*

Braffac (Comteffe de).

Brehan (Comte de), *Adminiftrateur.*

Brillon du Perron.

Brione (Comteffe de).

Briqueville (Marquis de).

Broglie, *Évêque de Noyon, décédé.*

Broglie (Maréchal de).

Brunville (de), *Procureur du Roi au Châtelet.*

Buffault, *Receveur de la ville.*

CADET, *de l'Académie des Sciences.*

Camus de Mézière (le), *Architecte.*

Capron.

Caftries (Marquis de), *Miniftre.*

Caulet d'Hauteville.

Caylus (Duc de).

Caze (de).

Ceran (de Saint-), *Receveur général.*

Chameville (de).

Chamilly (de).

Champlot (Baron de).

Charce (Marquis de la).

Charoft (Duc & Ducheffe de).

Chaulnes (Ducheffe de), *décédée.*

Chauvelin (Marquis & Marquife de).

Cheftret (le), *Receveur des Tailles.*

Messieurs

Chevreuse (Duchesse de).

Chimay (Princesse de).

Choiseul (Duc de), *Ministre d'État.*

Choiseul, *Archevêque de Cambray, décédé.*

Cicé, *Évêque de Rhodès.*

Clermont-Tonnerre (l'Abbé de).

Cochin, *Chevalier de l'Ordre du Roi, Adminis-*
   trateur.

Coigny (Duc de),

Collége de Chirurgie,

Conzié (de), *Archevêque de Tours,*

Cossé (Duc & Duchesse de).

Cotte (de), *Conseiller d'État.*

Coudray (Chevalier du),

Courmontagne,

Cozette,

Crisenoy (de),

Croy (Duc de),

Croy (Prince de),

Crussol, *Évêque de la Rochelle,*

Crussol (le Chevalier de),

D ACHÈRES, *Conseiller au Parlement.*

Dalpuget, *deux frères.*

Dangé, *Fermier général, décédé,*

Daran,

Daugny, *ancien Fermier général.*

Deby.

Messieurs

Deschesnes, *Secrétaire du Roi, Administrateur.*

Desprémenil, *Conseiller au Parlement.*

Disle.

Du Boys (le Chevalier).

Duperon (l'Abbé).

Dupin, *Receveur général des finances.*

Duport.

Durant.

Duras (Maréchal de).

Durfort (Duchesse de).

Durfort (Chevalier de).

Dusson, *Évêque d'Agen.*

Dusson (Comte).

Egmont (Comte & Comtesse d').

Enville (Duchesse d').

Estaing (Comte d').

Estissac (Duc d').

Fabrique de Saint-Côme.

Feidit de Terssac, *Curé de Saint-Sulpice.*

Fel (Mademoiselle).

Fenelon, *Évêque de Lombez.*

Fermiers généraux (M.^{rs} les).

Flahault (Chevalier de).

Foissy, *Receveur général.*

Fontaine-Martel (Comtesse de), *décédée.*

Messieurs

Fontanieu (de), *Commissaire général de la Maison du Roi, & Intend.* des meubles de la Couronne.*

Fossier, *Écuyer.*

Fouquet, *Évêque d'Embrun.*

Freval (Chevalier de).

Gagnat, *Receveur des Consignations,* décédé.

Garreville (Gigot de).

Gaviniés.

Gerbier, *Avocat.*

Germain.

Glatigny (de), *Conseiller de Grand'Chambre.*

Godot de la Bruère, *Secrétaire du Roi.*

Gosset.

Hante (de la), *Fermier général.*

Harcourt (Duc d'), *Administrateur.*

Harcourt (Comte & Comtesse d'), *décédés.*

Harcourt (Marquise d').

Haudry.

Hautefort (Comte & Comtesse d').

Hautefort (Mesdemoiselles d').

Hautefort (Vicomte & Vicomtesse d').

Hébert (M.* & M.*).

Hohenzollern (le Prince de).

Hôpital (Comtesse de l').

Huguet de Montaran, *Secrétaire des finances, ancien Administrateur & Secrétaire perpétuel de l'École.*

Messieurs

JAMSON l'aîné.

Jarnovik.

Imbault.

Invau (d') *ancien Contrôleur général.*

Juigné (de), *Archevêque de Paris.*

Juigné (Marquis de).

Juigné (Baron de).

Jullienas, *Officier aux Gardes.*

Jumilhac (Comte de), *décédé.*

Juvigny (de), *Conseiller de Grand'Chambre,*
    décédé.

LABRIFFE (Président de).

Laffin.

Laigle (Comtesse de)

Lamarch (Comtesse de).

Lamartinière, *premier Chirurgien du Roi.*

Lambert (Marquis de).

Laroue (de), *Curé de Saint-Côme.*

Lavoisier, *Fermier général.*

Lecler (Mademoiselle).

Lecomte, *décédé.*

Lefebvre, *Agent de Change.*

Legros.

Lclong, *Maître des Comptes.*

Lempereur, *ancien Administrateur, décédé.*

Lepot la Fontaine.

Leroy.

Messieurs

Lescureau (Madame de), *décédée.*

Ligne (Prince & Princesse de).

Lowendal (Comte & Comtesse de).

Lubersac (l'Abbé de).

Luxembourg (Duc de).

Luynes (Duc & Duchesse de).

MAILLY D'AUCOURT (Duc de).

Maistre (le).

Malisset.

Mandat de Neuilly.

Mandat (Chevalier de).

Martel, *Écuyer, ancien Échevin.*

Massé, *de l'Académie de Peinture, décédé.*

Mastin (l'Abbé de).

Mazade (de), *Trésorier des États, décédé.*

Mazière, *Fermier général.*

Meaux (Madame de).

Megrigny (Marquis de).

Melfort (Comte de).

Mellet (Comte de).

Merle (Comtesse de).

Mesmes (Marquise de).

Meulan (de) *père, Receveur général des finances, décédé.*

Meulan (de) *fils, Receveur général des finances, ancien Administrateur.*

Milho, *père.*

Messieurs

Milho, *deux frères.*

Mithon (Marquis de).

Monaco (Princesse de).

Monestrol (Comte de).

Montbarey (Prince de).

Monteclaire (Comtesse de).

Montmorency (Duc de).

Montullé, *Conseil.ᵉʳ d'État, ancien Administrateur.*

Montullé (Madame de).

Montullé de Saint-Port.

Morandière (le Comte de la).

Moreau, *ancien Procureur du Roi au Châtelet.*

Mouchy (Maréchal de).

Moutonnet de Clairfons, *Censeur royal.*

Naquet.

Nesle (Marquise de).

Neuville.

Nicolaï (de), *Premier Président.*

Nicolaï (de), *Première Présidente.*

Nivernois (Duc de).

Normand d'Étiole (le).

Normand de Mézière (le).

Novyon (Madame de).

Oblin l'aîné.

Oblin *le jeune.*

Ogny (Baron d'), *Intendant des Postes.*

Orçay (Comte de).

Messieurs

Ormesson (d'), *Conseiller d'État.*

Palerne (de)

Pallu (Madame de), *décédée.*

Panckouke.

Patiot, *Commissaire des guerres.*

Pavée de Vandeuvre, *Conseiller de la Cour des Aides.*

Paul (de), *deux frères.*

Perpignan, *trois frères.*

Petit, *quatre frères.*

Philidor.

Pierre, *Premier Peintre du Roi.*

Pignard.

Pignatelli (Princesse de).

Pilon.

Pommerie (de), *Receveur général des finances.*

Pommier (l'Abbé), *Conseiller de Grand'Chambre, Administrateur.*

Pouletier, *Secrétaire du Roi, ancien Administrateur.*

Poupart, *Curé de Saint-Eustache.*

Poyanne (Marquis de), *décédé.*

Pradeau.

Rastignac (Comtesse de).

Rault.

Ravel, *cinq frères.*

Messieurs

Ray de Chaumont (le).

Reynière (la), *Administrateur des Postes.*

Rians (Marquise de).

Richelieu (Maréchal de).

Ringard, *Curé de Saint-Germain-l'Auxerrois.*

Richer.

Rochechouard (Vicomte & Vicomtesse de).

Rochefort (Prince de).

Roëttiers, *père.*

Rohan (Cardinal de), *décédé.*

Rohan-Chabot (Duc de).

Rosambeau (de), *Président à Mortier.*

Rosslin d'Yvry.

Rougé (Comte du).

Rougemont (de), *Lieutenant de Roi de Vincennes.*

Roulet (Bailli du).

Rousseau, *ancien Receveur général des Domaines.*

Rousseau de Bouillon.

Salm (Prince & Princesse de).

Sabran (Comtesse de).

Sainscy (de), *Économe général.*

Saint-Chamans (Marquis de).

Saint-Lubin (Chevalier de).

Saint-Nom (l'Abbé de).

Saint-Sauveur, *Intendant de Roussillon.*

Saint-Severin (Comtesse de).

Messieurs

Saint-Victor (Baron de).

Salon , *deux frères.*

Sarcus (de), *Officier aux Gardes.*

Sartine (de), *Ministre.*

Sauffay.

Sauzay (Marquis du).

Sazia (de).

Schonen.

Seignelay (Marquis de).

Seigneur (le).

Senecterre (Comte de).

Serant (Marquis de).

Serpaud.

Simonneau.

Sinfray de Villiers.

Soinoury.

Sourches (Marquis de), *Grand-Prévôt.*

Stainville (Comte de).

Stamis.

Talon, *Présidente, décédée.*

Tavannes (Comte de).

Taxis (Comte de).

Terray (l'Abbé), *décédé.*

Thiard (Comte de).

Tour (Chevalier de la), *Officier aux Gardes.*

Traversa.

Messieurs

Trudaine, *Intendant des finances, décédé.*

Turgot, *Miniſtre,* décédé.

Turgot (Marquis de).

V ALABREGNE.

Valentinois (Comte de).

Vallière (Ducheſſe de la).

Vaudreuil (Comte de).

Vaupallière (Marquis & Marquiſe de la).

Vauvineux (Comte de).

Verdun, *Surintendant de la Maiſon de Mon-*
ſeigneur Comte d'Artois.

Vergennes (Comte de), *Miniſtre & Secrétaire*
d'État.

Vibray (Marquis de).

Vidal, *deux frères.*

Villarceaux.

Villemur (de).

Villequier (Duc de).

Villeroy (Ducheſſe de).

Vizé (Marquis de).

Vrillière (Duc de la), *décédé.*

Uſſé (Marquis d'), *décédé.*

Y PREVILLÉ (Marquiſe d').

AVIS DE L'ÉDITEUR.

*L*E but de cet Ouvrage eſt de faire connoître, 1.º les avantages de l'établiſſement de l'École gratuité élémentaire de Deſſin en faveur des Arts mécaniques :

2.º Les détails de l'Adminiſtration relativement à l'inſtruction des Élèves, à la manutention des Claſſes & à la diſcipline qui s'y obſerve :

3.º L'état des Gravures deſtinées à l'Inſtruction des Élèves.

On trouvera ſéparément :

1.º Le Calendrier à l'uſage de l'École.

2.º Les noms des Corps, Communautés & Fondateurs qui ont contribué à ſa dotation :

3.° Les noms & demeure des Élèves qui ont remporté des Maîtrises:

4.° Les noms de ceux qui ont reçu les grands Prix pour être admis aux concours des Maîtrises:

5.° Et enfin les noms de ceux qui ont fréquenté l'École pendant l'année 1782.

DÉTAILS

DÉTAILS

Sur l'Origine & l'Administration de l'École royale gratuite de Dessin; sur l'Instruction, les Prix d'Émulation, la police des Classes & les Sujets qui les fréquentent.

L'ÉCOLE ROYALE gratuite de Dessin, doit son origine & ses progrès aux soins d'un Artiste * qui, renonçant à l'exercice de ses talens, s'est entièrement livré à la suite de cet établissement.

Le but de l'Institution est d'enseigner gratuitement à des ouvriers ou des enfans sans fortune, les principes élémentaires de la Géométrie-pratique, de l'Architecture, & des différentes parties du Dessin, rela-

---

* M. Bachelier, Professeur de l'Académie Royale de Peinture.

A

tives aux Arts mécaniques, pour leur procurer la faculté d'exécuter eux-mêmes & fans
fecours étrangers , les différens ouvrages
que leur génie particulier peut leur faire
imaginer.

L'origine de l'École remonte à 1766.
Elle fut ouverte en vertu d'une fimple
permiffion du Gouvernement, mais ce ne
fut qu'au mois d'Octobre 1767, qu'inter-
vinrent les Lettres patentes qui en ordon-
nèrent l'établiffement.

Les Exercices fe font tenus à l'ancien
Collége d'Autun jufqu'en 1776 , que
l'École a été transférée à l'ancien amphi-
théâtre de Saint-Côme , dont le Roi lui a
fait donation, pour y fixer irrévocablement
le chef-lieu qui y eft actuellement établi.

Toute la manutention de l'École peut
fe divifer en deux parties:

L'Adminiftration & l'Inftruction.

ADMINISTRATION.

SUIVANT les Lettres patentes du 20
Octobre 1767, l'École eft inftituée fous

(3)

le titre d'*École royale gratuite*, & doit être régie & adminiſtrée ſous l'inſpection de M. le Lieutenant général de Police.

Le bureau d'Adminiſtration, auquel préſide le Magiſtrat de Police, doit être compoſé d'un Directeur & de ſix Adminiſtrateurs choiſis parmi les Notables, ayant tous voix délibérative ; & pour le ſervice du Bureau, d'un Secrétaire & d'un Caiſſier.

Par l'article 3, le Roi s'eſt réſervé de nommer, pour la première fois, le Directeur & les Adminiſtrateurs, auxquels il a laiſſé la nomination du Secrétaire & du Caiſſier.

Les Adminiſtrateurs doivent être changés à l'expiration de trois années d'exercice, de façon qu'il en entre chaque année deux nouveaux pour remplacer les anciens. Ils peuvent être continués une fois ſeulement, & ſont à la nomination du Bureau.

Par arrêt du 13 Avril 1776, confir-matif deſdites Lettres patentes, Sa Majeſté a ordonné qu'au Bureau qui ſeroit indiqué pour l'élection des nouveaux Adminiſtra-

teurs, il feroit accordé entrée & voix délibérative à douze Fondateurs qui y feront
invités par le bureau d'Adminiftration.

La place de Secrétaire, à laquelle le
Bureau avoit nommé dans l'origine, ayant
été reconnue très-onéreufe à l'École, le
Bureau en a fupprimé les émolumens ; &
pour en remplir les fonctions & fe con-
former aux difpofitions des Lettres patentes, le Bureau a invité un des Adminiftrateurs anciens à en accepter la nomination à titre gratuit & honorable, avec
la qualité de Secrétaire perpétuel, en lui
confervant le titre, entrée, voix délibérative, & toutes les fonctions & préroga-
tives attribuées aux autres Adminiftrateurs ;
& a arrêté en outre, que dans le cas où la
place viendroit à vaquer, elle ne pourroit
être remplacée que par un ancien Adminiftrateur, ou par un Fondateur, & toujours au même titre.

Le Bureau doit s'affembler tous les
mois, & fi, dans le cours de l'année, les
affaires exigent la tenue d'un Bureau extra-

ordinaire, il eſt convoqué par le Magiſtrat de Police.

Le travail de l'Adminiſtration eſt partagé en deux Comités, l'un pour l'Inſtruction, l'autre pour la Comptabilité.

Ces Comités ſe tiennent toutes les fois que les affaires le requièrent, & il s'en tient un général tous les ſamedis, où ſe traitent & ſe décident les affaires, ſauf le renvoi au Bureau, de celles que le Comité croit devoir ſoumettre à ſa déciſion.

Les objets mis en délibération, tant au Comité qu'au Bureau, ſont délibérés à la pluralité des ſuffrages, & propoſés par le Directeur ou l'un des Adminiſtrateurs.

INSTRUCTION.

L'INSTRUCTION comprend tout ce qui a rapport aux Élèves & aux différentes perſonnes chargées de les inſtruire.

ÉLÈVES.

L'ÉCOLE eſt ouverte en faveur de quinze cents jeunes gens, auquel nombre on s'eſt reſtreint par l'étendue du local.

Tout ouvrier, apprenti, & même les enfans qui ne font engagés dans aucune profeffion, font admis à l'École, pourvu qu'ils aient atteint l'âge de huit ans accomplis.

Pour fe procurer cette admiffion, l'Élève doit fe préfenter au Directeur, qui lui délivre un billet adreffé aux Officiers; fon nom, fon âge, le lieu de fa naiffance, fa demeure, & la date de fon entrée, font infcrits fur un Regiftre tenu à cet effet; il n'a d'autres frais à payer qu'une fomme de douze fous par forme de confignation de la valeur d'un jeton, dont l'ufage fera indiqué ci-après, & on lui remet en échange une carte portant reconnoiffance du payement de cette fomme, qui lui eft rendue en repréfentant la carte lorfque fon inftruction eft finie, ou qu'il quitte l'École avant le temps fixé pour l'inftruction. Le terme eft de fix années, que l'on a jugé fuffifantes pour enfeigner à un Élève, qui n'a même que des difpofitions communes, les élémens du Deffin, néceffaires pour exercer avec diſtinction un Art mécanique quelconque.

Muni du billet du Directeur, l'Élève admis à l'inſtruction, eſt enclaſſé dans le genre d'étude qu'il a choiſi, ſuivant la profeſſion qu'il exerce ou à laquelle ſes parens le deſtinent.

Les Études ſont diviſées en trois genres :
La Géométrie & l'Architecture.
La Figure & les Animaux.
Les Fleurs & l'Ornement.

Cette diviſion comprend les élémens de tous les genres de Deſſins, tous les rapports & les ſecours relatifs aux différens Arts mécaniques ſur leſquels ils ont la plus grande influence.

Les Élémens de la Géomé-trie ſont indiſpenſables aux {
Charpentiers.
Charons.
Chaudronniers.
Gainiers.
Lapidaires.
Maçons.
Opticiens.
Potiers d'Étain.
Tabletiers.
Tourneurs.
}

La Géométrie, les Fleurs & l'Ornement guident les opérations des . . . .
- Arquebusiers.
- Artificiers.
- Blondiers.
- Bourliers.
- Brodeurs.
- Couteliers.
- Ébénistes.
- Émailleurs.
- Fabricans d'Étoffe.
- Fabricans de Galons.
- Fabricans de Rubans.
- Gaziers.
- Horlogers.
- Lutiers.
- Menuisiers.
- Metteurs en Œuvre.
- Selliers.
- Serruriers.
- Treillageurs.

La Géométrie, l'Architecture en général, sont de toute nécessité aux . . . . . .
- Argenteurs.
- Ciseleurs.
- Doreurs.
- Eventaillistes.
- Fondeurs.
- Fourbisseurs.
- Graveurs sur métaux.
- Orfévres.

De la divifion des études en trois genres, s'enfuit néceffairement celle des claffes.

Chaque jour eft deftiné à l'inftruction d'un feul genre qui s'enfeigne alternativement tous les trois jours, de forte que, dans le cours de la femaine, les trois genres font enfeignés deux fois ; les heures des claffes & le nombre des Élèves qui doivent les fréquenter, font diftribués de façon, qu'en admettant le nombre de quinze cents complet, cinq cents peuvent être enfeignés dans le cours de la journée, & conféquemment chaque Élève profite deux fois la femaine de l'inftruction dans le genre auquel il a été admis.

L'École eft ouverte toute la journée, depuis fept heures en été jufqu'à cinq & demie, & depuis neuf heures en hiver jufqu'à la fin du jour.

Elle eft divifée en quatre exercices, fuivant le tableau ci-après.

TABLEAU DE LA JOURNÉE.

125 Élèves entrans à sept heures, sortent à neuf heures & demie.

125 Élèves entrans à neuf heures trois quarts, sortent à onze heures.

125 Élèves entrans à midi, sortent à deux heures.

125 Élèves entrans à trois heures, sortent à cinq heures & demie.

Il y a entre la fin d'une classe & l'ouverture de la suivante, un temps suffisant pour la sortie & l'entrée des Élèves, sans qu'il en résulte de confusion.

TABLEAU DE LA SEMAINE.

500 Élèves sont instruits le Lundi & le Jeudi dans l'Architecture & ses relatifs.

500 sont exercés le Mardi & le Vendredi dans la Figure & les Animaux.

500 Apprennent les Mercredi & Samedi les Fleurs & l'Ornement.

La Salle d'Inſtruction eſt garnie de tables entourées de bancs, ſur leſquels on a adapté des formes qui marquent la place des Élèves à une diſtance proportionnée; chaque Élève a ſa place déterminée; de façon qu'il a la liberté de deſſiner avec aiſance ſans pouvoir s'en écarter ni incommoder ſon voiſin.

Sur ces tables, & en face de chaque place, ſont poſés en plan incliné, des porte-deſſins fermant à clef, pour conſerver ſous verre les épreuves que l'on donne à copier aux Élèves, afin qu'ils ne puiſſent les ſouſtraire ni les altérer.

Ces boîtes ou porte-deſſins, ſont marqués d'un numéro apparent qui correſpond à celui ſous lequel les Élèves ſont inſcrits dans le Regiſtre tenu à la Direction, & ils occupent toujours la place vis-à-vis le même numéro.

L'ordre ſucceſſif des numéros n'eſt point obſervé dans la claſſe pour éviter toute préſéance.

Chaque jour & avant l'ouverture de la

première claſſe, le Prépoſé à la garde des épreuves, en met dans les porte-deſſins un certain nombre du genre qui doit être enſeigné & choiſi par l'Officier en exercice.

Ces épreuves ſont les mêmes dans tous les porte-deſſins, & comme les Élèves ſont plus ou moins avancés, l'Inſpecteur ou le Profeſſeur place immédiatement ſous le verre le deſſin proportionné à la force de l'Élève; de même que dans le cas où l'Élève peut copier plus d'un deſſin dans le cours de la claſſe, le Profeſſeur en ſubſtitue un ſecond à la place de celui qu'il a déjà copié.

Tous les jours après la ſortie de la dernière claſſe, ou le lendemain avant l'ouverture de la première, le Prépoſé à la garde des épreuves, change celles des porte-deſſins, & y place celles du genre qui doit être enſeigné, & ainſi de ſuite de jour en jour.

L'École ne fournit gratuitement aux Élèves que l'Inſtruction & les épreuves qu'ils copient, comme il vient d'être dit;

ils font obligés de fe fournir de papier, crayons, &c. à moins qu'ils ne foient fondés, comme il fera dit ci-après.

A la fortie de chaque claffe il eft remis aux Élèves un jeton, dont la forme eft ci-deffous, pour fervir aux Parens & aux Maîtres de preuves d'affiduité de l'Élève, qui ne peut les tromper, en ayant par eux l'attention de regarder fi le nom du jour, gravé fur le jeton, eft le même que celui auquel l'Élève le repréfente.

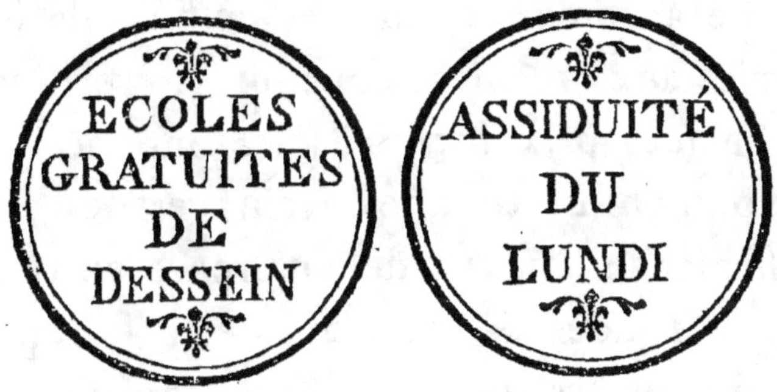

Les Élèves font pareillement obligés de repréfenter ce jeton au Suiffe à leur entrée dans la claffe, fans quoi ils n'y font point admis.

La manière dont les Élèves doivent fe comporter, foit à l'entrée, foit à la fortie de la claſſe & pendant qu'elle ſe tient, de même que vis-à-vis des Profeſſeurs, ou leurs camarades dans le chemin qu'ils parcourent pour ſe rendre à l'École ou chez eux, eſt preſcrite par un Règlement de l'Adminiſtration.

ÉLÈVES FONDÉS.

TOUS les Élèves indiſtinctement profitent de la même Inſtruction ; on leur donne à copier les mêmes deſſins ; ils ſont admis aux mêmes concours, reçoivent les mêmes prix lorſqu'ils les ont mérités, & jouiſſent de tous les avantages de l'Établiſſement ; il n'y a de différence entre les Élèves fondés & ceux qui ne le ſont pas, ſinon que les premiers ſont fournis gratuitement de papier, crayons, inſtrumens néceſſaires pour travailler dans l'École, & d'originaux pour étudier chez eux ; au lieu que les ſeconds ne reçoivent, comme on l'a dit, que l'Inſtruction gratuite, & ne ſont fournis que des originaux pour travailler dans la claſſe , ſans pouvoir les emporter chez eux.

Les originaux que l'on fournit aux Fondés pour travailler chez eux, ſont au nombre de ſix à la fois, & à meſure qu'ils les rapportent, après en avoir fait uſage , on leur en remet ſix autres.

Quoique l'Adminiſtration fourniſſe aux Élèves fondés, les originaux dont ils ont beſoin pour travailler chez eux ; cependant, pour éviter les abus que les Élèves peuvent en faire, ils ſont obligés de rapporter à l'Inſpecteur des Études, les copies qu'ils ont faites chez eux ; & d'après ſon *viſa*, le Prépoſé à la garde des épreuves leur en délivre d'autres ſucceſſivement , tant qu'ils en ont beſoin.

A l'égard des crayons & papier , chaque fourniture eſt proportionnée à la quantité de fondation dont l'Élève eſt pourvu , & dont il juſtifie l'emploi par la repréſentation de ſon travail.

Les fondations ſont fixées par le Bureau à trente livres de rente anuelle , perpétuelle

ou viagère, moyennant laquelle tout Particulier peut nommer un Élève qui, pendant
six années que dure le temps des études,
est fourni d'originaux & de tout ce qui est
nécessaire pour travailler, tant à l'École
que chez lui, mais seulement dans le genre
auquel il est admis ; & dans le cas où le
Fondateur desire que l'Élève soit fourni
de tout ce dont il a besoin pour travailler
dans les trois genres, il doit faire trois
fondations qui composent une Bourse.

Les Fondateurs ont le droit, au bout de
six années d'Étude, de nommer un autre
Élève pour remplacer le premier qu'ils ont
nommé. Il en est de même lorsque, pour
quelque cause que ce soit, l'Élève ne
continue pas de fréquenter l'École dans
le cours des six années d'Études, ou que le
Fondateur juge à propos de retirer sa nomination pour des raisons particulières ; mais
ce droit de nomination, dont le Fondateur
perpétuel jouit à perpétuité, ainsi que ses
Représentans, n'appartient au Fondateur
viager que pendant sa vie seulement.

PROFESSEURS.

PROFESSEURS.

LE foin de l'Inftruction eft confié à trois Profeffeurs & trois Adjoints.

L'un des Profeffeurs a le titre d'Infpecteur des Études.

Un Profeffeur & un Adjoint font attachés fpécialement à chaque genre.

Les Profeffeurs font choifis au concours, favoir ; le Profeffeur & l'Adjoint pour l'Architecture & fes dépendances, parmi les Élèves couronnés par l'Académie d'Architecture ; & les Juges de ce concours font des Commiffaires choifis dans l'Académie. Les autres Profeffeurs & Adjoints font pareillement choifis au concours & au jugement de l'Académie de Peinture & de Sculpture, parmi les Élèves de cette Académie qui ont remporté au moins la première Médaille. Les Adjoints parviennent à la place de Profeffeur par la voie du concours entr'eux, & les uns & les autres font entièrement fubordonnés pour toutes leurs fonctions au Directeur, auquel fe

B

rapportent toutes les opérations relatives à l'Inftruction.

L'Infpecteur eft fpécialement chargé de furveiller la police intérieure de l'École, & de veiller pareillement à ce que les Profeffeurs & Adjoints rempliffent exactement leurs fonctions, & en cette partie ils lui font fubordonnés. Il eft de fervice toute l'année en qualité d'Infpecteur, mais il ne remplit les fonctions de Profeffeur que les jours de la femaine où s'enfeigne le genre auquel il eft attaché.

Chaque Profeffeur & Adjoint n'eft de fervice que deux jours de la femaine, mais ces deux jours d'exercice il ne peut s'abfenter de l'École qu'aux heures des repas.

L'inftruction de chaque genre fe partage entre le Profeffeur & l'Adjoint. La claffe, pour cet effet, fe divife en deux parties ; les Élèves d'une partie font enfeignés par le Profeffeur, & l'autre partie par l'Adjoint ; & comme les numéros des places ne font point par ordre fucceffif, & que les Élèves ne fe trouvent pas rangés

fuivant leur degré d'avancement, le Profeffeur & l'Adjoint fe trouvent également
chargés d'enfeigner des Élèves qui com-
mencent, & d'autres qui font plus avancés.

Les fonctions de Profeffeur & Adjoint
font, indépendamment de l'Inftruction,
de maintenir le bon ordre, le filence le
plus exact, & l'attention des Élèves à leur
ouvrage ; de veiller pareillement à ce que
les Élèves ne s'écartent en rien de ce qui
leur eft prefcrit par le Règlement, foit
pendant le temps de la claffe, foit à leur
entrée, foit à leur fortie.

Le Profeffeur chargé du genre de la
Géométrie & de l'Architecture, démontre
fur des tableaux expofés en évidence, les
opérations & les propofitions relatives à
ce genre, qui font fufceptibles de démonf-
trations & applicables aux Deffins que les
Élèves doivent exécuter, & qui font renfermés dans les porte-deffins. Il eft feul
chargé de la démonftration.

Ses fonctions, quant au furplus de l'Inftruction, de même que celles des autres

B ij

Profeſſeurs & Adjoints, ſont, à l'entrée de la claſſe lorſque les Élèves ſont raſſemblés & qu'ils arrivent ſucceſſivement, de voir s'ils ſe placent à leur numéro, enſuite ſi le Deſſin placé immédiatement ſous le verre du porte-deſſin, eſt celui qui convient à l'Élève, ſuivant ſon degré d'avancement, & dans le cas contraire, d'y ſubſtituer celui qu'il juge néceſſaire de lui donner à copier ; d'indiquer à mi-voix, & particulièrement à chaque Élève, la manière dont il doit s'y prendre pour exécuter le Deſſin qu'il a ſous les yeux ; de lui conduire la main s'il eſt né-ceſſaire, & lui montrer l'uſage des inſtru-mens dont il doit ſe ſervir, & voir s'il entend & met en pratique ce qu'il lui a démontré ; & enfin d'employer tout le temps de l'exercice à ſuivre ſucceſſivement & ſans diſcontinuation, tous les Élèves qui ſont dans la partie dont il eſt chargé ; de guider le travail, & de corriger les Deſſins.

Quelque temps avant la fin de l'exer-cice, le Profeſſeur ou l'Adjoint parcourt les places, examine de nouveau chaque Deſſin

des Élèves , le corrige s'il eſt néceſſaire ,
& le timbre du quantième du mois , de la
première lettre du nom de l'Élève , du
numéro de la place , & d'une marque de
contentement ou de mécontentement.

Au moyen de ce timbre , les Parens &
les Maîtres qui ſe font repréſenter les
Deſſins que les Élèves ont faits dans l'École ,
ſont journellement en état de connoître
leurs progrès ou leur négligence ; indépendamment de ce , le Profeſſeur ou l'Adjoint
tient une feuille diviſée par colonnes, conte-
nant tous les numéros de chaque exercice ,
& ſur laquelle eſt inſcrit le nom des Élèves
qui ſont dans la partie dont il eſt chargé.
Sur cette feuille & dans les colonnes qui
y ſont indiquées , il marque tous les jours ,
à la fin de chaque exercice , & par des
lignes indicatives , ſi l'Élève a été abſent ,
s'il a travaillé chez lui , s'il a fait des progrès , s'il a donné ſujet de mécontentement ,
& généralement tout ce qui a trait à la
conduite & au travail de l'Élève.

Le relevé de cette feuille eſt remis tous

les mois , certifié des Profeſſeurs & Adjoints , au Directeur , qui juge de la conduite de chaque Élève ; & dans le cas d'abſence réitérée dans le cours du mois , il en écrit aux Parens pour s'informer ſi c'eſt pour cauſe légitime. Le réſultat de cet examen eſt porté ſur des Bulletins tenus en forme de Regiſtre , dont ils ſe détachent pour être envoyés tous les trois mois *gratis* aux Parens , de ſorte qu'ils peuvent être continuellement inſtruits de l'aſſiduité de leurs enfans aux Écoles , de leur abſence , ſi elles ont été juſqu'à trois fois , & enfin de leur conduite & de leurs progrès.

O R I G I N A U X.

L'OBJET de l'Inſtitution étant , comme on ne peut trop le répéter , d'enſeigner les principes élémentaires du Deſſin , relatifs aux Arts méchaniques ſeulement , & devant en embraſſer tous les rapports , autant par les exemples que par la démonſtration , il n'a pas été poſſible de faire uſage des Traités ou Cours complets qui exiſtent ſur les Arts

en général & en particulier, ne fût-ce que
par la feule raifon que ces Traités paffent
de beaucoup les bornes des élémens, ou
qu'ils ne font pas fpécialement appliqués
aux Arts mécaniques ; il a donc fallu prendre
dans chacun d'eux les principes généraux
qui doivent faire la bafe des trois genres
qui forment la divifion des études, dimi-
nuer ou multiplier le nombre des exemples, les adopter à l'objet de l'Inftitution,
& du tout former une fuite d'Inftruction
théorique & pratique, au moyen de laquelle,
pendant les fix années d'étude, un Élève
peut être en état de fe rendre un Ouvrier
diftingué.

Pour cet effet l'École a fait graver à fes
frais un nombre confidérable de planches,
dont on a diftribué les quantités analogues
à chaque genre, fuivant le plus ou moins
d'étendue du genre & des détails qu'il
exige. Toutes ces planches font de gran-
deurs uniformes & fuffifantes pour le développement des objets qu'elles repréfentent.
Les épreuves que l'on en tire font à la

manière du crayon, à l'exception de ce qui a trait à la partie des Mathématiques, qui eſt gravé à la pointe.

Ce ſont ces épreuves que l'on met dans les porte-deſſins, & que l'on donne jour-nellement à copier aux Élèves, ſur quoi l'on obſerve qu'ils ne font uſage que du crayon noir, qui eſt moins ſujet que le rouge à gâter leurs vêtemens & leur papier.

La ſuite de ces planches forme l'Inſ-truction complète, la quantité de planches adoptée à chaque genre a été jugée ſuffiſante pour remplir cet objet.

Il faut cependant diſtinguer dans ces dif-férens genres de Deſſins :

1.° Ceux que l'on nomme exacts, tels que la Géométrie, Perſpective, Coupes des pierres, Architecture & ſes dépen-dances, qui n'ont qu'une manière d'être, ce qui met des bornes à leur collection. Ces ſortes de Deſſins ne ſe prêtent pas au beſoin des Arts ; c'eſt au contraire aux Arts méca-niques à ſe contenter des ſecours qu'ils y trouvent.

2.º Les Deſſins d'imitation ou de goût.
Ces derniers ſont plus lians, ils ſe prêtent
en tous ſens, s'étendent & ſe reſtreignent
ſuivant les beſoins de l'Artiſte. Par exemple
les Fleurs ſe traitent différemment dans

La Bourlerie.
La Broderie.
La Dentelle.
La Dorure.
L'Ébéniſterie.
La Gaze.
La Gravure ſur métaux.
La Joaillerie.
La Serrurerie.
La Tapiſſerie, &c.

C'eſt toujours le même genre, mais qui
ſe varie à l'infini.

Il en eſt de même des Animaux, de la
Figure & de l'Ornement.

Il réſulte de cette diviſion une multitude
de variétés dans la Figure, les Animaux,
les Fleurs & l'Ornement, qui rend indé-
terminé le nombre de planches de ces
différens genres, & qui dépend encore de la

variation du goût , mais tourne toujours à l'avantage de l'Inftruction, les Élèves pouvant choifir dans une plus grande multitude de Deffins , ceux les plus analogues à leur profeffion ; mais comme on le répète , le principe eft toujours le même , les exemples feuls varient , & lorfqu'un Élève a copié avec l'intelligence & l'exactitude néceffaires une quantité d'Animaux, de Fleurs ou d'Ornemens, qui forment le cours, il n'importe de quelle nature ; fon Inftruction éft toujours complète.

L'Adminiftration voulant mettre les Élèves non-fondés à portée d'acquérir les épreuves qu'ils doivent fe procurer pour travailler chez eux, les a fixées à un prix très-modique, & leur fait délivrer féparément telle épreuve dont ils peuvent avoir befoin , fans qu'ils foient obligés de prendre la collection entière , ou même les collections particulières de chaque genre.

L'Adminiftration procure la même facilité aux Écoles de Province.

PRIX ET CONCOURS.

L'ÉMULATION des Élèves s'excite par des Prix qui leur sont adjugés dans diffé- rens Concours.

Les premiers, que l'on nomme *Concours de Quartier*, se font tous les mois dans toutes les Classes & dans tous les genres, ce qui fait par mois trois Concours, qui ne se jugent qu'à la fin du quartier.

Les seconds, que l'on nomme *Grands Concours*, n'ont lieu que tous les ans, & se jugent au commencement de Décembre.

Ces différens Concours se font de la manière suivante.

CONCOURS DE QUARTIER.

LES Élèves dans la classe, chacun à leur numéro, travaillent pendant deux heures & demie sans recevoir aucun conseil de la part des Professeurs & Adjoints, qui n'assistent dans la classe que pour maintenir le bon ordre.

A la fin de la séance, & lors de la sortie

des Élèves, tous les Deffins font numérotés par l'Infpecteur, fous le même numéro de la place que l'Élève occupe, & renfermés enfuite dans des porte - feuilles fcellés du cachet de l'Infpecteur & des Profeffeurs, pour être ouverts lors du jugement à la fin du quartier.

Ce jugement fe fait par le Directeur, les Profeffeurs & Adjoints, & les Adminiftrateurs y font invités pour conftater la validité & la forme du Concours.

CONCOURS ANNUEL.

LE Concours annuel fe fait dans la même forme, mais dure depuis fept heures du matin jufqu'au foir. Le jour de la Séance, deux Adminiftrateurs & le Directeur fe tranfportent à l'École le matin, à l'heure indiquée; ils arrêtent & fignent l'état des Élèves, placés chacun à un numéro différent de celui de leur exercice : ils reviennent le foir, avant la fortie, pour faire renfermer les deffins dans des porte-feuilles, fur lefquels ils appofent leurs cachets refpectifs, &

dépofent le porte-feuille entre les mains de l'Infpecteur, afin de prévenir toute furprife. On ne donne à copier aux Élèves que des Deffins nouveaux.

Il eft à obferver qu'on n'admet au Concours de quartier, que les Élèves dont les ouvrages méritent d'être expofés dans la Salle où fe fait la diftribution annuelle des grands Prix, & qu'on n'admet au grand Concours, que les Élèves qui ont remporté les premiers Prix de quartier.

Quelque temps avant la diftribution des Prix, le Magiftrat invite le premier Peintre du Roi, & plufieurs Profeffeurs des Académies de Peinture & d'Architecture, de fe rendre aux Écoles, pour procéder au jugement du grand Concours.

Le jour indiqué, & lorfque toutes les perfonnes invitées font raffemblées, l'Infpecteur repréfente le porte - feuille aux Adminiftrateurs & Directeurs, qui après avoir reconnu leur cachet, en font la levée en préfence des Profeffeurs & Adjoints. Les Deffins font féparés par nature de genre : les Membres des Académies en font l'examen, donnent leurs avis & prononcent fur le mérite des Ouvrages. Il eft interdit aux Profeffeurs & Adjoints de faire con- noître leurs fentimens, ni rien dire qui puiffe donner le moindre indice fur le nom des Élèves qui ont concouru.

P R I X.

Les Prix font de plufieurs fortes,

S A V O I R :

Les grands Prix au nombre de fix.

Les premiers & feconds Acceffits au nombre de douze.

Les premiers Prix de quartier au nombre de quatre-vingt-feize.

Et les deuxièmes Prix en pareil nombre.

Les grands Prix confiftent chacun en des Livres ou collections d'Eftampes de la valeur de trente-fix livres, & l'efpoir de la Maîtrife dans la profeffion à laquelle l'Élève fe deftine, s'il s'en rend digne par fes talens.

Les grands Acceffits confiftent, ainfi que

les précédens , en Livres ou collections d'Eſtampes de la valeur de dix-huit livres pour les premiers, & de douze livres pour les ſeconds, dont le choix eſt relatif au genre d'occupation auquel ſe deſtinent les Élèves qui les ont mérités.

Le Bureau a fixé la valeur des Prix de quartier :

SAVOIR;

Les premiers Prix à neuf livres.
Les ſeconds à ſix.

Il y a auſſi des premiers & ſeconds Acceſſits qui n'ont de valeur que par l'honneur d'avoir approché du but.

A la fin de l'année le Bureau fait imprimer une Liſte de tous les Élèves qui ont remporté ces Prix; & un exemplaire de cette Liſte ſe joint au Prix que l'on remet à l'Élève lors de la diſtribution, qui ſe fait dans la forme ſuivante :

Le Dimanche avant Noël, le Bureau ſe tranſporte à une heure indiquée, dans la Claſſe, où ſe trouvent aſſemblés les Élèves ſeulement qui ont remporté les ſeconds Prix, & le nombre des perſonnes invitées que le ſurplus de la Claſſe peut contenir.

Après un Diſcours prononcé par l'Inſ-pecteur des Études, un des Adjoints appelle à haute voix les Élèves auxquels un des plus anciens Adminiſtrateurs fait la diſtribution.

Le Magiſtrat de Police n'aſſiſte point à cette diſtribution, pour rendre plus ſolennelle & plus intéreſſante celle qui ſe fait le lendemain de Noël, des ſix grands Prix, des premiers & ſeconds Acceſſits, & des premiers Prix, dans une des Salles du Palais des Tuileries, où ſont invités tous les Fonda-teurs, les Gardes & Adjoints des ſix Corps, & les perſonnes les plus diſtinguées. Cette diſtribution ſe fait avec le plus grand appareil, & à portée d'être vue de tous les Spectateurs.

Le Directeur ouvre la Séance par un Diſcours relatif aux circonſtances; l'un des Profeſſeurs appelle à haute voix les Élèves qui ont remporté les ſix grands Prix; ils s'approchent du Magiſtrat, qui en les embraſſant, embraffant, leur remet le Prix qu'ils ont remporté & une reconnoiffance, que le Bureau s'engage de leur payer la valeur de la Maîtrife à laquelle ils fe deftinent; à la charge par eux de fubir les examens des Jurés de la Communauté, de fatisfaire aux difpofitions des Règlemens concernant la réception dans les Maîtrifes, & de rapporter au Magiftrat un certificat de leur Communauté & de la réception de leur Chef-d'œuvre s'il y a lieu d'en ordonner.

Ces fix Élèves montrent au Public les Ouvrages couronnés, & prennent enfuite place avec le Bureau de l'Adminiftration.

Le Profeffeur continue l'appel des autres Élèves, qui ont remporté les Acceffits & les premiers Prix; le Magiftrat les leur délivre, mais fans les embraffer : ils ne jouiffent pas de l'avantage de montrer leurs Ouvrages au Public, & ne prennent point féance avec le Bureau.

Indépendamment de ces Prix, les quatre premiers Élèves qui pendant le cours de l'année se font distingués par leur affiduité, leur application & leurs progrès, reçoivent une gratification annuelle de cinquante livres chacun.

Les noms des six Élèves couronnés sont mis dans tous les papiers publics, afin d'exciter l'émulation des Sujets qui courent la même carrière, & pour donner aux Fondateurs, la satisfaction de voir la Nation applaudir aux succès de leur bienfaisance.

Pour ne rien laisser à desirer sur cet Établissement, on donne à la suite de ces détails, la liste des Fondateurs, celle des Élèves qui ont obtenu les grands Prix & la Maîtrise depuis l'origine de l'École, suivie des noms de tous les Élèves qui fréquentent actuellement les Classes dans les différens genres, avec l'heure de leur exercice, enfin le catalogue de la collection des Originaux destinés à leur instruction, & les Règlemens relatifs à la police intérieure & extérieure.

RÈGLEMENT ordonné par M. le Lieutenant général de Police & par le Bureau de l'École Royale gratuite de Deffin, pour les Élèves.

LES jeunes gens qui defireront être admis comme Élèves, fe feront infcrire chez M. Bachelier, Peintre du Roi, Directeur de l'École Royale gratuite de Deffin, & ne pourront y avoir entrée qu'autant qu'ils feront compris dans l'état figné de lui, pour être enclaffés dans les différens genres d'études fur la lifte du jour & de l'heure des exercices.

L'École fera ouverte dans chacune des faifons, aux heures indiquées ci-après, & fera divifée en quatre Exercices de deux heures chacun.

TABLEAU de la Journée.

ÉTÉ, Qui comprend Mars, Avril, Mai, Juin, Juillet, Août, Septemb. & Octob.	NOMBRE DES ÉLÈVES qui composeront chaque Classe.	HEURES	
		d'ENTRÉE.	de SORTIE.
	125	7	$9\frac{1}{4}$
	125	$9\frac{1}{2}$	$11\frac{3}{4}$
	125	12	2 d'apr.-midi
	125	3	$5\frac{1}{2}$
	500　Jeunes gens enseignés dans la Journée.		
HIVER, Qui comprend Novembre, Déc. Janvier & Février.	125	$7\frac{1}{2}$	$9\frac{1}{2}$
	125	$9\frac{3}{4}$	$11\frac{1}{2}$
	125	$11\frac{3}{4}$	$1\frac{1}{2}$ d'après midi.
	125	$2\frac{1}{2}$	5
	500　Jeunes gens enseignés dans la Journée.		

TABLEAU de la Semaine.

NOMBRE des ÉLÈVES.	JOURS de la SEMAINE.	EXERCICES DIVERS.
500	Lundi & Jeudi.........	Géométrie & Architecture.
500	Mardi & Vendredi......	Figure & Animaux.
500	Mercredi & Samedi.....	Fleurs & Ornemens.
1500	Élèves exercés deux fois par Semaine.	

L'ouverture de chaque Exercice fera annoncée par le fon de la cloche.

Les Élèves viendront à l'heure précife, & n'entreront point dans les Claffes avec cannes ni épées ; ils les dépoferont dans la chambre du Suiffe, ainfi que toute autre chofe étrangère à l'Étude.

Ils fe préfenteront avec décence & propreté, & ne pourront entrer qu'en remettant au Suiffe le jeton qui indiquera le genre de l'étude auquel chaque Élève eft admis.

Avant d'entrer, ils fe muniront de tout ce qui leur eft néceffaire, & auront prévenu tout prétexte de fortir : ils ouvriront & fermeront doucement la porte de la Claffe.

A mefure qu'ils entreront, ils prendront le plus court chemin pour fe rendre à leurs places, pendant la demi - heure accordée à cet effet, après quoi la porte fera fermée.

Les Élèves refteront affis à leurs numéros, uniquement occupés de l'étude tout le temps de l'Exercice, fans pouvoir quitter leurs places fous aucun prétexte ; ils ne s'amuseront avec aucune chose qui pourroit les détourner de la leçon.

Ils ne feront point de bruit avec leurs outils, & ils ne laisseront sur les tables que ceux qui leur seront nécessaires.

Ils ne mangeront point dans la Classe, & auront attention de ne distraire leurs voisins en aucune manière ; ils ne parleront pas pendant l'Exercice si ce n'est aux Professeurs & aux Adjoints.

Ils pourront présenter au Maître les Dessins qu'ils auront faits chez eux, d'après les Originaux de l'École, pour les faire corriger.

Lorsque le Professeur démontrera sur les Tableaux, ils garderont un profond silence, afin de retenir ce qui leur sera enseigné.

Chacun des Élèves observera en tous points l'ordre, la décence & le respect dûs au lieu, à l'étude & aux personnes qui y professent.

Il leur est défendu d'écrire leurs noms sur les murs avec le crayon, de les rayer & dégrader avec le couteau ou autrement.

C iv

Il ne fera permis d'employer fur le papier d'autre crayon que la pierre noire.

La fin de chaque exercice, ou la fortie, fera annoncée par le fon de la cloche.

Les Élèves ne fortiront point avant la fin de l'exercice, s'ils le faifoient, il ne leur feroit point délivré de jetons, ce qui les priveroit de rentrer au prochain exercice.

A la fortie, il fera remis aux Élèves un jeton portant le nom du jour, afin d'être pour les Parens & pour les Maîtres, une preuve de leur affiduité ; & pour en garantir la perte, ils configneront douze fous, qui leur feront rendus lorfqu'ils quitteront l'École, en remettant le jeton avec la reconnoiffance qui leur aura été expédiée.

On exige des Élèves une entière affiduité pour qu'ils puiffent profiter des avantages des leçons ; c'eft pourquoi ils feront rayés de la lifte pour un mois d'abfence fans caufe légitime, & ils ne pourront s'excuſer qu'en rapportant des certificats de leurs Parens ou de leurs Maîtres.

Dans le cas où un Élève ne profiteroit pas des réprimandes qui lui feront faites, les Parens ou les Maîtres en feront informés.

Si en entrant ou en fortant ils cauſoient quelques troubles aux voiſins ou aux paſ-ſans, fur la plainte qui en feroit portée il en fera rendu compte à M. le Lieutenant général de Police, & l'École leur feroit interdite pour un an, ou dans le cas de récidive, l'excluſion feroit perpétuelle.

Toutes les choſes que les Élèves trouveront dans les Claſſes, ſans aucune exception, feront remiſes au Suiſſe, & elles ne feront rendues à ceux qui les auront reclamées, qu'après avoir prouvé qu'elles leur appartenoient.

Ceux qui détourneront les inſtrumens de leurs voiſins, feront repris publiquement pour la première fois, & en cas de récidive, chaſſés.

Il y aura tous les trois mois, dans chaque Exercice des trois genres d'Étude, un

Concours pour les Prix, dans lequel on n'admettra point les Deſſins qui n'auront point été faits dans les Claſſes.

Il y aura auſſi chaque année un Concours pour les grands Prix, entre les Élèves de tous les exercices d'un même genre qui auront remporté les premiers Prix de leur Claſſe. Ces grands Prix ſeront diſtribués dans une Séance publique du Bureau d'Adminiſtration ; ceux qui les remporteront auront droit d'entrer au Concours des Apprentiſſages & des Maîtriſes.

Il ſera délivré des Certificats portant témoignage de contentement aux Élèves qui auront été aſſidus, à ceux qui ſe feront tenus le plus décemment, & à ceux en qui on aura reconnu de l'application, quoique leurs progrès n'y répondent pas. On en donnera auſſi à ceux qui apporteront de bonnes études faites dans leur particulier.

Ils ne recevront point de Prix ni aucune autre récompenſe, s'ils ne rapportent au Directeur le Deſſin ſigné de lui lors du jugement, & la copie au net du même Deſſin.

Le préſent Règlement ſera lû tous les trois mois dans les Claſſes ; ceux qui y contreviendront ſeront punis ſuivant qu'ils l'auront mérité.

ARRÊTÉ dans l'Aſſemblée tenue en l'Hôtel de M. DE SARTINE, Conſeiller d'État, Lieutenant général de Police. A Paris, le vingt Janvier mil ſept cent ſoixante-huit.

CATALOGUE DES DESSINS

DE DIFFÉRENS GENRES,

Gravés pour l'Inſtruction Élémentaire de l'École Royale gratuite de Deſſin.

ARITHMÉTIQUE.

Numéros & Leçons.

* 1. Principes de la Numération.
* 2. Table des Unités de convention.
* 3. Principes de l'Addition.
* 4. Principes de la Souſtraction.
* 5. Table de la Multiplication & Diviſion.
* 6. Principes de la Multiplication.
* 7. Multiplication compoſée, Problème de Toiſé ſuperficiel.
* 8. *Idem,* Próblème en preuve du précédent.
* 9. *Idem,* des Nombres abſtraits ſimples & complexes.

Nota. Les numéros marqués d'une * ſont gravés au trait; tout le reſte eſt gravé en manière de crayon.

GÉOMÉTRIE.

*24. Exercices variés du Compas, fur la division d'une droite en deux également.

*25. Exercices fur la détermination des Tangentes à la circonférence du cercle, &c.

*26. *Idem,* fur la division de l'Angle rectiligne en deux parties égales.

*27. *Idem,* fur le rétabliffement d'un Triangle dont la bafe, &c. font connus.

*28. *Idem,* fur la formation d'un Quarré dont on donneroit la diagonale.

*29. *Idem,* fur les Tangentes au cercle, fans recours au centre.

*30. *Idem,* fur trois points Triangulaires, dont l'un occupera le milieu des parallèles conduites par les deux autres.

*31. *Idem,* fur le Prolongement direct d'une ligne droite, &c.

*32. *Idem,* fur la Copie fidèle d'un triangle quelconque.

D

DESSIN GÉOMÉTRAL.

D ij

ORDRE TOSCAN.

D iv

Des Frontons circulaires. Tours creuses.

*De l'Art géométrique de profiler selon des
modulations incidentes.*

Porte rustique de Vignole.

Numéros & Leçons.

*66. Détails géométriques.

*67. Élévation de face.

Croisée du palais Florence à Rome.

*68. Front & Profil des détails géomé-
triques du sommet.

*69. *Idem*, du Bas.

*70. Élévation totale.

Croisée de la vigne Jules, campagne de Rome.

*71. Détails géométriques du Bas & du
Haut.

Études concernant le milieu d'une Orangerie.

*72. Plan géométral & coté.

*73. Élévation de face.

*74. Coupe de face.

*75. Coupe latérale.

*76. Troisième Coupe, mais biaise.

Baluſtres & Baluſtrades.

Suite du Pont royal militaire, commencé dans les Leçons 80, 81 & 82.

ORDRE DORIQUE.

Dorique denticulaire.

E

*40. Aspect latéral de l'élévation de la coupe par le milieu.

Fronton circulaire & mutulaire.

*41. Dessin géométral & de face.

*42. Élévation de Profil & Coupe latérale dans l'axe.

Porte de la Chancellerie à Rome.

*43. Détails géométriques sur le Plan & l'Élévation.

*44. Plan & Élévation complette vue de face.

Suite du Titre, Balustres & Balustrades, n.° 29, 30, 31 & 32.

*45. Balustrade biaise & adaptée à la rampe d'un escalier.

Porte du château de Caprarole.

*46. Détails préliminaires & géométriques.

Projet d'un Frontispice couvert pour Saint-Germain-l'Auxerrois.

Numéros & Leçons.

*55. Moitié de l'avant-Plan, avec opérations géométriques.

*56. *Idem*, de l'arrière-Plan, &c.

*57. Corniche développée de l'Attique d'amortissement.

*58. Détails géométriques du Chambranle & de l'Archivolte du milieu.

*59. Divers aspects pour le détail de la Corniche rampante du fronton.

*60. Base & Corniche détaillées des piédestaux des Perrons.

*61. Développemens des Piédouches extérieurs & Architraves des vestibules collatéraux.

*62. Racordemens du Chapiteau avec le décor des piles.

*63. Études de Front & de Profil des portes & croisées des petits vestibules.

E iij

*76. Profil & Élévation circonſtanciés de la corniche de l'œil précédent.

*77. *Idem*, aperçu le petit axe de front.

*78. Baluſtrade du ſommet de l'Œil, 75, 76 & 77.ᵉ Leçons.

*79. Quart du Plafond total de la grande voûte, y compris tous les détails.

*80. Suite de la 79.ᵉ Coupe de face du bas.

*81. Suite de la 79 & 80.ᵉ Coupe de face du ſommet, y compris la baluſtrade.

*82. Suite de la 79.ᵉ & ſuivantes, Coupe du bas de la maîtreſſe voûte en profondeur.

*83. Le ſommet de la dernière Coupe, juſqu'à l'appui de la baluſtrade.

*84. La moitié du bas de la coupe de face du porche de l'Égliſe.

*85. Complément de la Leçon 84.ᵉ

*86. Coupé par l'axe fuyant du Porche, & qui contient le bas.

*87. Sommité de la Coupe, 86.ᵉ Leçon.

*88. Compartiment du Pavé des petits veſtibules.

ORDRE IONIQUE.

Piédeſtal & Colonne.

Numéros & Leçons.

* 1. PROFILS détaillés géométriquement de la Baſe & Corniche du
piédeſtal.

* 2. *Idem*, de la Baſe de la colonne &
de l'impoſte.

* 3. Élévation de face du Piédeſtal & de
la Baſe de la colonne.

Chapiteau antique.

* 4. Profils développés du Chapiteau &
de l'Archivolte.

* 5. Enroulement graphique de la Volute,
première Méthode.

* 6. *Idem* . . . deuxième Méthode.

* 7. Tracés géométriques $\left\{ \begin{array}{l} \text{du Plafond} \\ \text{de l'Élévation} \end{array} \right\}$ du
Baluſtre de la Volute.

* 8. Vue latérale, avec Lignes détermi-
natrices de la formation.

* 9. Projections horizontales du contenu de la 8.ᵉ Leçon.

*10. Coupe & Profil détaillés, du Baudrier du baluftre des volutes.

*11. Combinaifon de la Volute de face & du Baudrier.

*12. Addition à la Leçon 11.ᵉ d'une fection verticale du Baluftre.

*13. *Idem* . . . . . fecondê Section, &c.

*14. *Idem* . . . . . troifième.

*15. Réunion des cinq Études immédiates ci-deffus.

*16. Plafond entier préparé pour les diverfes Élévations.

*17. Afpect de face & latéral entier d'après la 16.ᵉ Leçon.

*18. *Idem*, fur la Diagonale de la même 16.ᵉ

Entablement denticulaire.

*19. Détails géométriques en grand.

Numéros & Leçons.

*30. Deſſin total du Baluſtre rampant, mais le ſommet du rampant en avant.

Nota. La ſuite de ce Titre eſt Leçon 35.ᵉ

Baſe & Chapiteau de Michel-Ange.

*31. Plan & Élévation détaillée.

*32. Élévation géométrale détaillée de face.

*33. Plafond horizontal & géométral d'après la 32.ᵉ

*34. Grande Élévation de profil.

Supplément au Titre ci - devant , des Baluſtres & Baluſtrades.

*35. Baluſtrade complète élevée ſur un Plan de face & biais.

Ordonnances architecturales.

*36. Première, ſur les Colonnades ſim- ples ; Plan détaillé d'une Égliſe

*37. Suite de la 36.ᵉ Élévation du Portail.

Édifice de l'École royale de Deſſin.

ORDRE CORINTHIEN.

Piédeſtal & Colonne.

du Galbe des Caulicoles des grandes Volutes, 16.ᵉ Leçon.

*24. Développemens & projections planes & galbées de la Caulicole, 23.ᵉ Leçon.

*25. Senfations de ladite 23.ᵉ, vue de face, de 45 degrés & de trois quarts.

*26. Courbure élémentaire ,d'une petite Caulicole tracée au compas felon la 19.ᵉ Leçon, &c.

*27. Plan, Profil, Élévation & Développement graphique de la Caulicole , Leçon 26.ᵉ

*28. Les trois principaux afpects de la même Caulicole, 26.ᵉ Leçon.

*29. Adaptation de la Roface, Leçon 26.ᵉ au Tailloir vu diagonalement.

*30. Plafond entier du Chapiteau , difpofé pour les Leçons fuivantes & tiré des précédentes.

*31. Élévation totale & vue par l'angle.

*32.

F

Archivoltes cintrées en Plan & Élévation.

Numéros & Leçons.

*52. Archivolte vue biaife
    & en Tour ronde.   élevées
*53. Idem ... Tour creufe.   géométriquement.

Ordonnances architecturales.

*54. Premier emploi des Colonnes en
    périftile ; Plan d'un Haha.

*55. Suite de la 54.ᵉ, l'Élévation de la
    face du Haha.

*56. Seconde, Entrecolonnemens remplis
    d'Arcades ; Plan de la Galerie
    intérieure d'un Palais.

*57. Suite de la 56.ᵉ, l'Élévation de
    face & Coupe de profil de ladite
    Galerie.

*58. Troifième, Portiques à colonnes fur
    piédeftaux ; Plan d'une Galerie
    publique.

*59. Suite de la 58.ᵉ, l'Élévation & Coupe
    détaillée.

Porte de Saint-Laurent in Damaſo.

Numéros & Leçons.

*60. Détails de la face & de la Coupe.

*61. Élévation de front, & conforme aux détails, 60.ᵉ Leçon.

Niche du Louvre.

*62. Détails de l'Élévation de Face, de Profil & de la Coupe.

*63. Élévation de face, & Coupe ſur la profondeur, l'une & l'autre entière.

Porte du Salon Farnèſe à Rome.

*64. Conſtruction géométrique de tous les détails.

*65. Deſſins de l'Élévation de face & de la Coupe dans le milieu.

Fenêtre du Palais Sachetty à Rome.

*66. Détails volumineux du Sommet & du Bas, de Face & de Profil.

*67. Élévations complettes de Face & de Profil, avec la Coupe, dans toute la hauteur.

Croisée du Palais Crécenci à Rome.

*68. Études en grand sur le Front, le Profil, la Coupe & le Plan.

*69. Dessins totaux de Face, de Profil & de Coupe, d'après la 68.ᵉ Leçon.

Supplément au Titre des Baluſtre & Baluſtrade, n.º 38.

*70. Projections horizontales d'une Baluſ-trade, ſur un Plan circulaire & rampant.

*71. Élévation développée de la 70.ᵉ Leçon.

*72. Suite des précédentes; Coupe verti-cale & concave par les axes des Baluſtres.

*73. *Idem*, Élévations circulaires & ram-pans de la Baſe & de l'Appui.

F iij

*74. Élévations de tous les Reliefs qui compofent l'enfemble des 70, 71, 72 & 73.e Leçons.

Projet d'Églife en Rotonde.

*75. Tracé géométrique de la moitié de l'Avant-plan.

*76. Suite de la 75.e, l'arrière Demi-plan.

*77. La moitié de l'Avant-plafond, correfpondant à la 75.^e

*78. Suite de la 77.e, la moitié de l'Arrière-plafond, répondant à la 76.^e

*79. Détails de la Porte Pontificale & autres dépendances du Portail.

*80. Élévation de face du Portail & du refte de l'Églife, felon la 75 & 77.^e

*81. Plafond de l'intérieur du Périftile du Portail, étudié & orné en grand.

*82. Grande étude fur le Cul-de-four

colossal du Porche extérieur,
relatif à la 81.e Leçon.

*83. Suite nécessaire pour compléter la
82.e

*84. Coupe du Sommet & sur le milieu
de la profondeur du Portail, d'après
les 81 , 82 & 83.e

*85. Coupe de face & entière du Portail,
le reste de l'Église mis en élévation, d'après les 75 & 80.e

*86. Étude des Caissons majeurs du
dehors & du dedans, ornés de
sculpture, 77.e

*87. Coupe de face & centrale de toute
l'Église, y compris le Péristile
extérieur 76 & 78.e

*88. Plafond sphérique de la maîtresse
Voûte, détaillé & orné en grand,
87.e &c.

*89. Coupe verticale & de face procé-
dant du Plafond de la 88.e

*90. Autre Coupe sur la profondeur,
& d'après les Études 88 & 89.e

F iv

*108. Suite de la 106 & 107.ᵉ Leçons, dernière partie de la Coupe vers le Chevet & le Clocher.

ORDRE COMPOSITE.

Piédestal & Base - colonne.

* 1. DÉTAILS géométriques de la Base & de la Corniche du Piédestal.

* 2. *Idem,* des Bases Composite & Attique, mises en comparaison.

* 3. Élévations totales du Piédestal & de la Base de la Colonne.

Chapiteau détaillé.

* 4. Étude sur la Campane, le Tailloir & la Volute, mise en Élévation.

* 5. Détail géométrique du Plafond de la 4.ᵉ Leçon.

* 6. D'après les Leçons 4 & 5, l'Aspect angulaire du sommet & du bas du Chapiteau.

Numéros & Leçons.

* 7. D'après les Leçons 4 & 5 , faire le Deſſin en grand & de face.

* 8. *Idem* , L'Élévation de trois quarts.

Nota. Il faut pour continuer méthodiquement ce Chapiteau, intercaler entre la 8.ᵉ & la 9.ᵉ Leçon Compoſite, les Leçons Corinthiennes 9 , 10 , 11 , 12 , 13 & 14.ᵉ concernant la forme & les aſpects des deux rangs de feuilles du bas de la Campane.

* 9. Plafond total du Chapiteau Compoſite, y compris les Feuilles du *nota* ci - deſſus.

*10. Élévation diagonale d'après le Plafond de la 9.ᵉ Leçon & les précédentes.

*11. *Idem* , ſous l'Aſpect de front, d'après la 7.ᵉ &c.

*12. *Idem* , complète de trois quarts, ſelon la 8.ᵉ Leçon.

Impoſte , Archivolte & Entablement.

*13. Conſtruction géométrique de l'Impoſte, Archivolte & Architrave.

*14. Supplément à la 13.ᵉ , Profil géométrique de la Corniche.

Croisée du Palais Altiéri.

Croisée de Vignole.

Croisée du Palais Crécinci.

Ordonnances architecturales.

Des Canelures.

G

Louis XVI, d'après la 59 & 60.^e
Leçons.

*62. Plafond de l'ordonnance de l'Arc,
respectif au Plan 59 & à l'Élévation 61 , &c.

*63. Plan de l'Attique qui amortit en
dedans comme en dehors l'ordonnance de l'Arc.

*64. Plafond de l'Attique correspondant
au Plan 63 , à celui 59 & à l'É-
lévation 61.^e

*65. Coupe de face & centrale de l'Arc
quadrifons de Louis XVI.

*66. Vue d'Oiseau ou projection des
sommités du même Arc. Voyez
toutes les Leçons précédentes.

*67. Coupe diagonale qui développe l'in-
térieur de l'Arc de Louis XVI.

ARCHITECTURE MILITAIRE,
OU
FORTIFICATION DE M. DE VAUBAN.

Numéros & Leçons.

* 1. MANIÈRE de tracer le Cordon d'une Place quarrée.

* 2. Tracé du Plan d'un Baſtion plein, d'après la première Leçon.

* 3. Élévation & Coupe de front de la Leçon deuxième.

* 4. Élévation & Coupe du Baſtion ſur la ligne capitale du Plan de la 2.ᵉ Leçon.

* 5. Élévation & Coupe de trois quarts du même Baſtion.

* 6. La première Leçon augmentée du Rempart, & circonſtances compriſes des 2, 3, 4 & 5.ᵉ

* 7. Élévations complètes des divers Aſpects de la Place, contenus au Plan de la Leçon 6.ᵉ

G ij

G iij

PERSPECTIVE

DES COMPARTIMENS DE PLANCHERS.

* 1. PERSPECTIVE d'un Plancher en échiquier, de face & de diagonale.

* 2. *Idem*, le précédent, avec des Frises abouties par des petits quarrés.

* 3. *Idem*, le même dans ses deux cas, & avec de grandes & larges Frises continues.

* 4. Perspective du second Plancher ,
augmenté de Quarrés inscrits dans
les Quarrés majeurs.

* 5. *Idem* , d'un Plancher en Épi , vu
de front & latéralement.

* 6. *Idem* , en Échiquier , coupé diagonalement de Frises sans retour
& illimitée.

* 7. *Idem* , en Hexagones , de face & par
l'Angle.

* 8. *Idem* , en Quarrés potencés d'autres
plus petits Quarrés , de front &
de diagonale.

* 9. *Idem* , en Octogones & Quarrés ,
vus de face & par l'Angle.

*10. *Idem* , la 8.ᵉ avec Frises , qui cir-
conscrivent les deux sortes de
Quarrés.

*11. *Idem* , en Hexagones rayonnans par
des Triangles équilatéraux , sous
deux aspects.

*12. *Idem* , en Quarrés , ceints chacun

de quatre Frifes qui les agran-
diffent , &c.

*13. Perfpective d'un Plancher en Hexa-
gones & Lofanges réguliers ; par
l'Angle, & irrégulièrement.

*14. *Idem* , le premier avec Frifes de
circonfcription , qui fe brochent
alternativement l'une l'autre.

*15. *Idem* , le 7.ᵉ environné de Frifes
continues , vu par l'Angle & de
face.

*16. *Idem* , en Croix de Malte, Quarrés,
Lofanges & Triangle, fous deux
afpects.

*17. *Idem* , en Hexagones, Quarrés &
Triangles réguliers , les premiers
Polygones, vus de front.

*18. *Idem* , en Quarrés & Rhomboïdes,
formant fous deux afpects l'illufion
de Cubes & Efcaliers.

*19. *Idem* , le 17.ᵉ où les Hexagones font
dans une fituation Angulaire.

PERSPECTIVE DES ÉLÉVATIONS.

Principes appuyés d'exemples.

*13. } Septièmement, le dernier incliné à
*14. }   discrétion sur la gauche.

Principes de la Perspective des Tambours, Bases & Chapiteaux en masses des Colonnes.

*15. Perspective d'un Tambour vertical.

*16. *Idem*, avec la Masse des moulures de la Base, & le même horizontal.

*17. *Idem*, cylindriquement, concavé, horizontal & décliné de 45 degrés.

*18. *Idem* . . . décliné de moins de 45 degrés.

*19. *Idem*, l'Axe parallèle au Tableau, & incliné de 45 degrés à l'horizon.

*20. *Idem*, le précédent ayant fait un quart de révolution.

*21. *Idem*, le 19.ᵉ décliné de 45 degrés à la Ligne de terre.

*22. *Idem*, le même décliné entre 45 & 90 degrés au front du Tableau.

Application de la Perspective à des Objets d'usage.

Perspectives des Piédestaux en masses.

Perspective du Piédestal Tascan,
3.e Leçon de cet Ordre.

Numéros & Leçons.

*33. De la Base détaillée & vue de face.

*34. De la Corniche, *idem.*

*35. De la Base détaillée, qui se présente par la diagonale.

*36. De la Corniche, *idem.*

*37. De la Base détaillée, offerte sous un aspect irrégulier.

*38. De la Corniche, *idem.*

Deuxième suite de l'application de la Perspective à des Objets d'usage.

*39. Perspective d'un Réservoir combiné avec Voûte & Degrés.

*40. *Idem*, d'un Perron de face, & latéral.

*41. *Idem*, à deux branches de 45 degrés, & dans une encoignure.

H

Troisième suite de l'Application de la Perspective à des Objets d'usage.

Numéros & Leçons.

*50. Perspective de Croix, vue de côté, de niveau, d'aplomb & inclinée.

*51. *Idem,* Tabouret à trois pieds de Tourneur.

*52. *Idem,* d'une Estrade avec socle, qui soutient deux Cylindres inclinés, &c.

*53. *Idem,* d'une Table d'Architecture pour Inscription.

Table de Dessinateur, mise en Perspective.

*54. Premièrement, quand sa longueur est de front.

*55. Deuxièmement, lorsqu'elle se présente par l'Angle régulièrement.

Nota. La suite de ce Titre est Leçons 71 & 72.

Quatrième suite des Objets d'usages ordinaires, mis en Perspective.

H ij

*Pilastre Toscan, Leçon 23 de cet Ordre
en Perspective.*

*Sixième suite de la Perspective des Objets
d'usages ordinaires.*

H iij

Perspectives d'un Cul-de-four de Niche.

Perfpectives de Combles qui fe pénètrent.

Septième fuite de l'Application de la Perfpective à des Objets d'ufages ordinaires.

H iv

Huitième suite de la Perspective des Objets d'usages ordinaires.

Numéros & Leçons.

*103. Perspective d'un Escalier à doubles Rampes circulaires.

*104. *Idem,* des Congés des Fûts de Colonnes, Pilastres, &c.

PERSPECTIVE

Déterminée par le Transparent de la Glace, &c.

* 1. PRINCIPE pour la Perspective d'un Point dans le Plan géométral.

* 2. *Idem,* d'une Ligne droite, &c.

* 3. *Idem,* d'une Ligne courbe, &c.

* 4. *Idem,* pour la Perspective d'une Circonférence de Cercle, &c.

* 5. *Idem,* d'un Point au-dessus du Plan géométral.

* 6. Perspective d'une Ligne naissant du Plan géométral, & qui lui est inclinée.

* 7. *Idem*, d'une Ligne spirale, &c.

* 8. *Idem*, d'une Circonférence de Cercle rampante.

* 9. *Idem*, d'une Ligne droite suspendue au hasard dans l'Air.

*10. *Idem*, d'une Ligne spirale irrégulière, placée comme la précédente.

COUPE DES PIERRES.

Des Ouvertures ou Percés droits.

* 1. PLEIN Cintre, avec Développemens.

* 2. En Cintre surbaissé avec Feuillure, Plan, Coupe & Développemens.

* 3. En Cintre bombé, avec Ébrasemens droits, &c.

* 4. En Plate-bande & Ébrasemens concaves, &c.

* 5. En Cintre furmonté, les Ébrafemens convexes , &c.

* 6. En Ogive , avec Ébrafemens à inflexion.

* 7. En Forme capricieufe, qu'on auroit dû éviter dans les Édifices im-portans.

Des Arcs - boutans.

* 8. Évidés d'une Arcade irrégulière & graphique ; les Naiffances de niveau ; &c.

* 9. *Idem* .... rampante & graphique , avec Développemens , &c.

*10. *Idem* .... de deux Quarts d'Ellipfes de même hauteur, & de Bafes inégales.

*11. *Idem* .... fuite de la 10.ᵉ Leçon.

*12. *Idem* .... elliptique & rampante, &c.

Appareil d'un plein Cintre biais par-devant, & droit par-derrière.

Numéros & Leçons.

*13. Élévation du Cintre primitif, de celui biais; Projection & Développement d'un Vouffoir.

*14. Recherche géométrique d'un Biveau du Couffinet de la Voûte, 13.ᵉ Leçon.

*15. *Idem* .... fecond Biveau de la même Voûte.

Épure d'une Porte droite en plein Cintre fur Angles faillans.

*16. Plan, Élévation de face, Latérale & Coupe.

*17. Suite de la 16.ᵉ, deux Élévations biaifes, & le Développement des Panneaux de tête.

*18. *Idem*, Développemens de la Contre-clef & du Sommier.

*19. *Idem*, Recherche graphique des Biveaux de la Contre-clef.

*20. Recherche graphique du Complément des Biveaux de la 19.ᵉ Leçon.

Voûte en plein cintre, droite d'un côté, biaise & taludée de l'autre.

*21. Élévation primitive, Profil, Projection, Cintre biais & taludé, avec Développement.

*22. Recherches de Biveaux relatifs à la 21.ᵉ Leçon.

*23. Continuation sur les Biveaux précédens.

Porte en plein Cintre à l'Angle d'un Mur droit & taludé.

*24. Élévation primitive, Talud, Plan, Cintre taludé & Développement.

*25. Étude sur les Biveaux de la 24.ᵉ Leçon.

*26. Supplément à la 25.ᵉ Leçon.

Porte droite en Anse de Panier sur
divers Angles rentrans ; l'un taludé,
l'autre en sur-plomb.

Porte biaise & plein Cintre en Mur
droit d'un côté, & taludé
de l'autre, &c.

Porte en plein cintre, évasée en avant
& en arrière, &c.

Porte droite, plein Cintre, en Tour
ronde, & ſur Angle ſaillant
par-derrière.

Numéros & Leçons.

*41. Trouver un Biveau de Douëlle
plate, & du Panneau de tête de
la même 38.^e

*Voûte en plein cintre & droite dans
un Mur circulaire.*

*42. Élévation primitive, puis développée
d'après le Plan, &c.

*43. Inscription de la Clef & du Som-
mier dans un Solide de six faces
pour l'Équarrissement.

*44. Moyens de fixer les Biveaux.

*Porte en Tour ronde, taludée & sortant
dans un Angle Plan & Rentrant.*

*45. Plan, Élévation de face, de profil
& coupe.

*46. Autre Élévation de la 45.e accom-
pagnée de Développemens.

*47. Suite nécessaire à déterminer, par
Équarrissement, la forme & volume du Coussinet, &c.

*48. Supplément à la dernière connoiſſance des Biveaux.

Porte droite ſurbaiſſée , en Tour creuſe d'un côté, de l'autre en Angle ſaillant taludé.

*49. Élévation de face , Plan, Profil & Coupes.

*50. Divers Développemens qui réſultent de la 49.e Leçon.

*51. Suite de la 49.e Aſſigner le volume économique du Vouſſoir.

*52. Arrêté de deux Biveaux de la même Étude 49.e

Paſſage droit & bombé , dans une Tour creuſe taludée & un Angle rentrant.

*53. Projection , Épures de face, latérale & Coupe.

*54. Autre Élévation de la 53.e & plu-ſieurs Développemens relatifs.

*55.

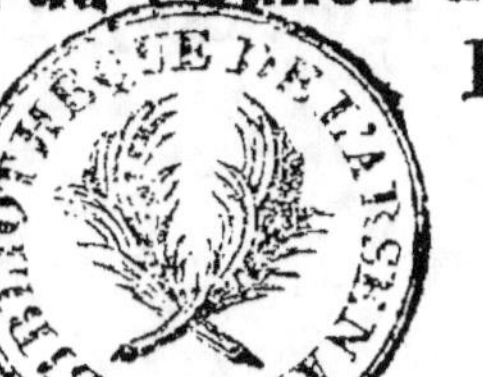

I

Cintre rampant, en Tour creuſe des deux côtés, l'un taludé, l'autre avec fruit.

Numéros & Leçons.

*62. Plan, Élévation de face, Coupe & Développement du Talud.

*63. Suite de la 62.ᵉ Leçon, qui comprend d'autres Développemens.

*64. Têtes & Biveau de la 62.ᵉ propoſés à trouver.

Ouverture plein Cintre, ſur Angle ſaillant curviligne, rentrant rectiligne.

*65. Projection complette, Élévation de face & latérale avec Coupes.

*66. Suite de la 65.ᵉ Autres Élévations & Développemens.

*67. Suite 2.ᵉ de la 65.ᵉ méthode d'Équar-riſſement pour les deux Contre-clefs.

Voûte plein cintre biaiſe en Tour ronde, taludée & en Tour creuſe.

*68. Élévation, Profil, Plan & Déve-

(131)

loppemens de tête de la Tour
creuſe.

*69. Suite de la 68.ᵉ Leçon ; Dévelop-
pemens de la Tour ronde taludée, &c.

Arc plein-cintre biais en mur droit &
rachetant un Berceau, &c.

*70. Le Cintre primitif & autres déve-
loppés ; la Projection & le Profil
du Berceau racheté, &c.

Porte en Tour ronde taludée & par têtes
égales & en tour creuſe.

*71. Plan, Élévation développée & Profil.
*72. Par Équarriſſement, trouver les trois
Vouſſoirs de la 71.ᵉ Leçon.
*73. Avoir deux Biyeaux demandés de la
71.ᵉ Leçon.

Paſſage droit à cintre ſurmonté & en angle
curviligne taludé, &c.

*74. Épure du front, Plan, Élévation &
Coupe de profil.

I ij

la clef de la Voûte d'arête, 80.ᵉ Leçon.

*82. Voûte d'arête, barlongue & biaise, ſes divers Cintres développés, &c.

*83. Le Sommier & la Clef de la 82.ᵉ Leçon développés.

Voûte de l'encoignure d'une Galerie droite d'un côté, & biaiſe, &c. de l'autre.

*84. Plan, Cintres appareillés & Développemens des Sommiers, &c.

Porte biaiſe en Tour ronde & en Tour creuſe rachetant un Cul de four, &c.

*85. Élévation enfilée de biais, Plan & Profils du Talud & du Cul de Four, &c.

Nota. La ſuite eſt dans la 93.ᵉ leçon.

Deſcente de Cave droite entre deux Murs aplomb.

*86. Cintre primitif, Profil, Plan, Panneaux

de Coupe & Développemens.

Descente droite en Talud & rachetant un Berceau.

*87. Profils de Talud & de Berceau d'après le Cintre primitif & la Projection. Voyez la 88.e Leçon.

*88. Suite de la 87.e Développemens des cintres, de têtes & des panneaux de lit & de douelles.

Autre descente droite, en Tour ronde & en Tour creuse.

*89. Cintre primitif, Élévation de profil & Plan détaillé dans la 90.e

*90. Suite de la 89.e Développemens de la descente en Tour ronde, rachetant une Tour creuse.

Trompe droite dans l'angle rectiligne.

*91. Appareil du Front, puis du Plan & du Profil, avec les joints de coupes, les douelles, &c.

Porte droite en plein cintre, mais évasée d'un seul côté.

Numéros & Leçons.

*92. Élévation de face, deux Profils avec le Plan , &c.

Supplément au Titre de la Leçon 85.

*93. Développement-pratique des Têtes, tant coniques que sphériques de la 85.ᵉ Leçon.

FIGURES.

Numéros & Leçons.   D'après

* 1. DIFFÉRENS yeux..
* 2. Oreille, nez, bouche & œil, & profil.. } *Bachelier.*
* 3. Yeux , nez , bouches & oreilles.......

4. Partie de la face... *Différens Maîtres.*

Numéros & Leçons.	D'après
19. Profil de vieillards ..	*Le Calabrois.*
*20. Tête de femme.....	*Reſtou.*
*21. Tête de vieillard ...	*Vanloo.*
*22. Tête de vieillard....	*Le François.*
*23. Tête de femme.....	*Boucher.*
*24. Tête de femme.....	*Raphaël.*
*25. Trois enſemble de bras & mains d'enfans...........	*Bachelier.*
26. Tête d'homme.....	*Raphaël.*
*27. Tête de femme.....	
*28. Tête de femme.....	*Le Guide.*
*29. Tête de Bacchus....	*Slodtz.*
30. Tête de jeune homme.	*Raphaël.*
31. Tête de jeune homme caſqué.	
32. Tête d'Ange.......	*Corrége.*
33. Tête dé Flore......	*Slodtz.*
34. Tête de femme.....	*La Boſſe.*
35. Tête de femme.....	*Raphaël.*
36. Tête d'enfant......	*Deshayes.*
37. Tête de ſoldat.....	*Raphaël.*
38. Deux pieds........	*Le Sueur.*

Numéros & Leçons.	D'après
39. Deux mains d'Ange..	Le Dominiquin.
40. Tête de femme.....}	Raphaël.
41. Tête de jeune homme.}	
42. Tête d'homme.....	Bachelier.
*43. Pied vu par la plante.	Vien.
*44. Deux pieds........	Pierre.
*45. Deux pieds de la Vénus-Médicis...	l'Antique.
*46. Deux mains jointes..	Blanchet.
*47. Deux pieds........	Pierre.
*48. Deux pieds........	Raphaël.
*49. Deux mains fermées..	Blanchet.
*50. Deux mains intérieures & extérieures.........	Bouchardon.
*51. Pied d'homme & une main d'enfant....	Bachelier.
52. Tête de femme....	Raphaël.
*53. Quatre mains d'enfans.	Bachelier.
54. Tête de vieillard....	Deshayes.
55. Tête de Minerve...	Raphaël.
56. Tête de femme.....	Frontier.
57. Tête de femme......	Le Dominiquin.

Numéros & Leçons.	D'après
58. Tête de femme.....	Raphaël.
59. Tête de Bacchus....	Slodtz.
60. Tête & mains d'homme...............	Frontier.
61. Tête de jeune homme.	Raphaël.
62. Tête de jeune fille, costume François..	Boizot.
63. Trois têtes de Turc.	Parocel.
64. Deux têtes de soldat...	Parocel.
65. Tête de femme.....	Raphaël.
66. Tête d'enfant......	Boizot.
67. Deux mains de femme colossale........	l'Antique.
68. Deux têtes de Turc..	Parocel.
69. Pied d'homme.....	l'Antique.
70. Main colossale.....	Michel-Ange.
71. Tête de vieillard...	Raphaël.
72. Tête de vieillard...	Le Sueur.
73. Tête de fleuve.....	l'Antique.
74. Tête d'Ange.......	Raphaël.
75. Tête d'enfant......	Le Dominiquin.
76. Tête de jeune fille...	Tremoliere.
*77. Tête d'Ange........	Le Guide.

Nombres & Leçons.	D'après
*78. Tête de femme.....	De Troye.
79. Tête de femme. ...	Le Dominiquin.
80. Tête d'homme chauve.	Le Baroche.
81. Tête de soldat.	Carle Vanloo.
82. Tête de jeune homme.	Idem.
83. Tête de Satyre.....	Le Carrache.
84. Profil de jeune homme.	Raphaël.
85. Une jambe & trois pieds...........	
86. Tête de vieillard. ...	Michel-Ange.
87. Tête de vieillard. ...	l'Antique.
88. Tête de Satyre.....	Carrache.
89. Jambe, pied & main.	Bachelier.
90. Deux bras croisés...	Tremoliere.
91. Tête d'homme.....	Lemoine.
92. Bras d'homme......	Bachelier.
93. Tête de Vierge....	Pierre.
94. Tête renversée.....	Bachelier.
95. Tête de Jupiter. ...	l'Algarde.
96. Deux mains........	Vanloo.
97. Deux mains........	
98. Tête de Bouvier...	
99. Tête d'homme.....	Slodtz.

Numéros & Leçons.		D'après
100.	Deux bras & mains d'homme.	De Troye.
*101.	Trois mains & bras d'enfans.	Bachelier.
102.	Trois têtes d'homme.	Le Sueur.
103.	Profil de vieillard, trois oreilles & un œil.	Bachelier.
104.	Profil d'Esclave. . .	Slodtz.
105.	Profil d'homme. . . .	} l'Antique.
106.	Profil de femme. . .	}
107.	Tête d'enfant.	Bachelier.
108.	Tête de Méduse. . .	Blanchet.
109.	Tête de vieillard. . .	Raphaël.
110.	Tête de vieillard. . .	Le Dominiquin.
111.	Tête du Lantin. . .	l'Antique.
112.	Tête d'Amazone. . .	Raphaël.
113.	Tête de vieillard. . .	Riccy.
114.	Profil de Néron. . .	Bachelier.
115.	Tête d'homme. . . .	Boizot.
116.	Tête d'homme. . . .	Subleras.
117.	Tête de Sacrificateur.	Michel-Ange.
118.	Profil d'homme. . .	Le Carrache.

Numéros & Leçons.		D'après
119.	Profil d'Apollon...	l'Antique.
120.	Profil de Pélerin...	Briard.
121.	Profil de Soufleur..	Vanloo.
122.	Main écorchée....	Suvé.
123.	Tête de vieillard...	Boizot.
124.	Tête du Lantin...	l'Antique.
125.	Profil d'homme....	Boucher.
126.	Tête de femme....	Jouvenet.
127.	Profil de femme....	Raphaël.
128.	Tête de vieillard..	Bachelier.
129.	P. sup. d'enfans, avec une main de femme.	
130.	Profil d'Ange.....	Le Guide.
131.	Tête de Milon dans sa jeunesse......	Frontier.
132.	Profil d'homme...	Deshayes.
133.	Tête d'homme....	Vanloo.
134.	Tête de femme....	Bouchardon.
135.	Profil de femme...	Raphaël.
*136.	Tête de vieillard...	Deshayes.
*137.	Ostéologie de la Tête de face....	Bachelier.
*138.	Tête d'homme....	l'Antique.

Numéros & Leçons.		D'après
*139.	Tête de Méduse....	*Blanchet.*
*140.	Tête de Satyre....	*Carrache.*
*141.	Jambes & bras d'homme.......	*Deshayes.*
*142.	Tête de vieillard...	
*143.	Profil d'homme....	*Tremoliere.*
144.	Tête d'homme....	*Frontier.*
*145.	Profil d'homme....	*Slodtz.*
146.	Profil de vieille...	*Deshayes.*
147.	Profil de M. de Sartine.........	*Bachelier.*
148.	Profil d'homme....	*Frontier.*
149.	Tête d'homme....	*Raphaël.*
*150.	Tête d'homme....	*Vanloo.*
*151.	Tête de vieillard...	*De Troye.*
*152.	Tête d'Homère...	*Boizot.*
153.	Tête de vieillard...	*Deshayes.*
154.	Trois têtes d'homme.	*Le Sueur.*
155.	Tête d'homme....	*Raphaël.*
*156.	Tête d'homme....	*Rubens.*
*157.	Profil d'homme...	*Boucher.*
*158.	Tête d'homme....	*Jule Romain.*
*159.	Profil de Néron...	*l'Antique.*

Numéros & Leçons.	D'après
175. Main de femme....	*Boullongne.*
176. Tête d'enfant......	*Raphaël.*
177. Tête d'homme préparée...........	*Frontier.*
178. Tête de vieillard...	*Coëpel.*
179. Tête de mort......	*Bachelier.*
180. Tête de Saint Jean.	*Le Guide.*
181. Profil d'Henri I V.	*Bachelier.*
182. Profil de Louis X V.	*Bouchardon.*
183. Profil de femme ...	*Deshayes.*
184. Profil de Vierge.... 185. Vierge...........	*Le François.*
186. Profil du Lantin....	*l'Antique.*
187. Tête de femme....	*Deshayes.*
188. Profil de vieillard..	*Frontier.*
189. Tête de Chrift....	*Le Brun.*
190. Profil de femme...	*Suvé.*
191. Derrière de tête de femme...........	*Tremoliere.*
192. Mains & bras......	*Lépicier.*
193. Profil de femme...	*Vanloo.*
194. Partie fup. d'Académie...........	*Bouchardon.*

K

                         D'après

211. Partie sup. d'Aca-
     démie............ Lépicier.
212. Profil de jeune
     homme......... Raphaël.
213. Profil de femme... l'Antique.
214. Tête d'Ange..... Lépicier.
215. Partie sup. d'Aca-
     démie.......... Vanloo.
216. Idem........... Lépicier.
*217. Groupe de soldats.. Le Brun.
218. Partie sup. d'Aca-
     démie.......... } Lépicier.
219. Idem........... }
220. Profil d'homme... Vanloo.
221. Tête de femme.... l'Antique.
222. Profil de femme... Deshayes.
223. Tête de vieillard... Vermont.
224. Profil de femme
     casquée......... Vanloo.
225. Tête d'Apollon... } Boizot.
226. Profil de vieillard.. }
227. Groupe d'enfans.... Boucher.

K iij

Numéros & Leçons.		D'après
261.	Figure de jeune homme.......,	Bouchardon.
*262.	Groupe d'Anges...	Le Brun.
263.	Groupe de vieillards & de femmes....	De Troyes.
264.	Minerve.........	Boucher.
*265.	Deux têtes d'Anges.	Le Brun.
266.	Jeune fille.......	Bouchardon.
*267.	Ensemble d'un Cavalier......,...	Le Brun.
268.	Tête de Christ....	Champagne.
*269.	Ensemble d'enfans & vases.........	Le Brun.
270.	Partie sup. d'Académie.. ,........,	Boucher.
*271.	Ensemble d'Ange..	Le Brun.
272.	Partie sup. d'Académie... ,......	Vanloo.
*273.	Femme........;...	Lemoine.
*274.	Tête de femme....	Coëpel.
*275.	Groupe de démons.	Le Brun.
276.	Étude de 4 jambes.	Vanloo.

*292. Partie sup. d'Aca-
     démie............ *Vanloo.*

293. Partie sup. d'homme. *Boucher.*
*294. Étude de femme... *Lemoine.*
*295. Partie sup. d'hómme. *Le Brun.*
296. Étude d'enfans &
     bras d'homme.... *Vanloo.*
*297. Ange............. *Le Brun.*
298. Étude de pied..... *Suvé.*
*299. Minerve......... *Lemoine.*
300. Pied............. *Suvé.*
*301. Cavalier......... *Le Brun.*
302. Tête de Perfan.... *De Troye.*
303. Deux jambes...... *Vanloo.*
304. Tête d'enfant...... *Bachélier.*
305. Profil de femme... *l'Antique.*
*306. Ange............. *Le Brun.*
307. Partie sup. d'Aca-
     démie........... *Lemoine.*
308. Tête & mains d'en-
     fans............ *Bachelier.*
309. Pied............. *Suvé.*

Numéros & Leçons.	D'après
*310. Religieux............	Pierre.
311. Miologie de la main.	Suvé.
*312. Têtes, mains & ailes d'Ange..........	Le Brun.
313. Partie sup. de femme.	Deshayes.
*314. Ange...............	Le Brun.
315. Profil de pied intérieur............	Suvé.
316. Partie sup. de femme.	Bachelier.
317. Main de femme......	De Troye.
*318. Ensemble du n.° 316.	Bachelier.
319. Homme drapé....	Le Poussin.
320. Jeune homme.....	Bouchardon.
*321. Partie sup. d'homme.	Le Brun.
322. Pied.............	Suvé.
*323. Groupe de Soldats & Cavaliers.....	Le Brun.
324. Femme drapée....	Le Dominiquin.
*325. Femme drapée....	Le Brun.
326. Jeune homme.....	Bouchardon.
327. Cinq têtes d'Anges.	Le Brun.
328. Groupe de femmes.	De Troye.
329. Vieillard..........	Le Poussin.

Numéros & Leçens.		D'après
330.	Buſte de femme....	De Troye.
331.	Groupe de trois femmes.........	Boucher.
332.	Tête d'homme....	Vermont.
333.	Étude de jambes...	Boullongne.
334.	Mains jointes.....	Bachelier.
335.	Jambes drapées....	Le Dominiquin.
336.	Tête d'homme....	l'Antique.
337.	Groupe de Vieillards & de Soldats....	De Troye.
*338.	Groupe de démons.	
*339.	Ange............	Le Brun.
340.	Groupe d'hommes.	Boullongne.
*341.	Groupe d'enfans..	Coëpel.
342.	Jambes de femme..	Bachelier.
343.	Tête de Turc.....	Parocel.
*344.	Enſemble du n.°337.	De Troye.
*345.	Tête d'enfant.....	Coëpel.
*346.	Partie ſup. d'homme & d'enfant......	Le Brun.
347.	Étude de main....	Bachelier.
*348.	Ange drapé......	Le Brun.
349.	Étude de pied....	Suvé.

Numéros & Leçons.	D'après
*350. Groupe d'enfans...	Boucher.
351. Miologie de la main.	Suvé.
*352. Ensemble de femme & d'enfans......	Vanloo.
353. Deux mains.......	Toquet.
*354. Groupe de démons.	Le Brun.
355. Pied d'homme.....	Suvé.
356. Trois bras & une tête...........	Vanloo.
*357. Académie........	Boullongne.
358. Étude de pied.....	Suvé.
359. Étude de main....	Toquet.
*360. Trois ensembles de tête, pied & main.	Le Brun.
361. Pied...........	Suvé.
*362. Groupe d'Esclaves.	Le Brun.
*363. Buste de femme....	De Troye.
364. Pied...........	Deshayes.
*365. Buste de femme...	Boullongne.
366. Étude de pied.....	Frontier.
367. Enfans..........	Bachelier.
*368. Groupe d'Anges...	Le Brun.

Numéros & Leçons.   D'après

*369. Deux figures d'homme............ Corneille.

*370. Étude d'enfans & tête de femme... Lemoine.

*371. Groupe de Soldats. Le Brun.

372. Partie inf. d'Académie...........⎫
373. Femme drapée.....⎬ Boucher.

374. Tête d'homme.... l'Antique.

375. Étude de tête & bras..........,... Lépicier.

*376. Groupe de Cavaliers........... Le Brun.

377. Étude de Moine...⎫
378. Femme drapée....⎬ Mignard.

379. Ange drapé...... Le Brun.

380. Groupe de trois hommes drapés... Pouſſin.

381. Femme caſquée....⎫
382. Femme drapée.....⎬ Boucher.

383. Tête d'enfant..... Le Dominiquin.

384. Femme drapée.... Boucher.

401. Partie inf. d'homme
       écorché . . . .
402. Partie sup. d'homme
       écorché . . . .
403. *Idem , idem* . . . .
404. Partie inf. *Idem* . . . . .
405. Partie sup. *Idem* . . . .
406. Partie inf. *Idem* . . . .
407. Partie sup. *Idem* . . .   *Suvé.*
408. Partie inf. *Idem* . . . .
409. *Idem & Idem* . . . . . .
410. Partie sup. *Idem* . . .
411. Partie inf. *Idem* . . . .
412. Trois bras. *Idem* . . . .
413. Partie sup. *Idem* . . .
414. *Idem & Idem* . . . . . .

415. Profil de femme . . .   Deshayes.

416. Partie sup. écorchée.
417. Trois bras . . . .
418. Partie sup. d'homme.   *Suvé.*
       Idem . . . .
419. *Idem & Idem* . . . . . .

		D'après
420.	Partie sup. d'Académie	
421.	Partie inf. d'Académie	
422.	Partie sup. d'Académie	Suvé.
423.	Partie inf. d'Académie	
424.	Partie inf. d'Académie	
425.	Deux bras écorchés.	
426.	Torse d'homme. . . .	Bachelier.
427.	Tête d'homme. . . .	Boizot.
428.	Profil d'homme. . .	Le Sueur.
429.	Partie sup. d'Académie	Vanloo.
430.	Partie inf. Idem . . .	
431.	Profil de vieillard . .	Le Sueur.
432.	Académie.	Le Poussin.
433.	Groupe de vieillard .	
434.	Groupe d'enfans . . .	Bidault.
435.	Profil de vieillard . .	Deshayes.

Numéros & Leçons.	D'après
*456. Tête de vieillard... ⎱ 457. Idem, finis........ ⎰	Boullongne.
*458. Ensemble du n.° 452.	Le Sueur.
459. Étude d'enfans....	Bachelier.
460. Main vue par l'intérieur	Deshayes.
461. Profil de M. Lenoir.	Bachelier.
462. Tête de Vierge....	Vanloo.
463. Profil de femme...	Vassé.
464. Groupe de trois enfans...........	Boucher.
465. Femme drapée....	Slodtz.
466. Profil de vieillard..	Deshayes.
467. Groupe de trois enfans...........	Boucher.
468. Tête de femme....	Natoire.
469. Enfans couchés....	Deshayes.
470. Deux têtes d'enfans.	Briard.
471. Enfans.	Bachelier..
472. Tête de femme....	Slodtz.
473. Groupe de trois enfans...........	Boucher.
474. Main collossale....	Boizot.

Numéros & Leçons.   D'après

475. Profil d'homme...   l'Antique.
476. Main collossale....   Boizot.
477. Étude de pied & de
     main...........   Lépicier.
478. Profil de vieillard.. ⎫
479. Profil de vieillard,   ⎬ Le Sueur.
     avec main......   ⎭
480. Étude de femmes &
     d'enfans..........   Tremoliere.
481. Enfans couchés....   Le François.
482. Profil de femme caf-
     quée...........   Vaffé.
483. Main...........   Roflin.
*484. Soldat..........   ⎫
*485. Idem...........   ⎬ Le Brun.
486. Enfans couchés....   Le François.
*487. Trois mains......   Vanloo.
488. Deux têtes d'enfans.   Briard.
489. Partie fup. d'Aca-   ⎫
     démie..........   ⎬ Suvé.
*490. Enfemble d'un pied   ⎭
491. Tête d'enfans.....   Frontier.

520. Partie ſup. d'Aca-
démie........... *Lépicier.*

521. Partie ſup. décor-
chée..........
522. Partie inf. *Idem*....
523. Partie ſup. *Idem*...
524. Partie inf. *Idem*....
525. *Idem & idem*......
526. Vieillard drapé....
527. Femme drapée....
528. Partie ſup. décor-
chée........... } *Suvé.*
529. Partie ſup. décor-
chée ....
530. Partie ſup. d'Aca-
démie.........
531. Partie inf. *Idem*....
532. Femme drapée....
533. Partie ſup. d'Aca-
démie..........

534. *Idem & idem*...... *Lépicier.*
535. Main écorchée.... *Suvé.*

536. Partie fup. décor-
  chée. . . . .
537. *Idem & idem*. . . . . . .
538. Partie inf. *Idem*. . . . .

} *Suvé.*

539. Partie fup. d'Aca-
  démie. . . . . *Lépicier.*

540. Deux bras. . . . .
541. *Idem* en contre-par-
  tie.
542. Partie inf. d'Aca-
  démie. . . . .
543. *Idem*, fup. *Idem*. . .
544. *Idem*, inf. *Idem*. . . .
545. *Idem & idem*. . . . . . .
546. Deux bras. . . . .
547. Partie fup. d'Aca-
  démie. . . . .
548. *Idem*, inf. *Idem*. . . .
549. *Idem*, fup. *Idem*. . .
550. *Idem & idem*. . . . . .
551 *Idem*, contre-partie
  du n.° 549. . . . . . .

} *Suvé.*

552. Partie fup. d'Aca-
     démie . . . . ⎫
553. *Idem*, contre - partie │
     du précédent. . . . . │
554. *Idem*, inf. d'Aca- ⎬ *Suvé.*
     démie . . . . │
555. *Idem*, fup. *Idem*. . . │
556. *Idem* & *idem* . . . . . . │
557. *Idem* & *idem* . . . . . . ⎭
558. Profil de femme. . . *Bachelier.*
559. Deux pieds. . . . . . . *Hallé.*
560. Une plante de pied. *Le Dominiquin.*
561. Deux pieds. . . . . . . *Hallé.*
562. Un poing fermé. . . *Bachelier.*
563. Main . . . . ⎱ *Hallé.*
564. Deux mains jointes. ⎰
565. Tête d'enfant. . . . . *Frontier.*
566. Profil de femme. . . ⎫
567. Pied d'homme. . . . │ *Hallé.*
568. Pieds, *idem*. . . . . . ⎬
569. Tête de Chrift. . . ⎭
570. Plante de pied. . . . *Le Dominiquin.*
571. Tête d'adolefcent. . . *Bachelier.*

L iv

ANIMAUX.

Numéros & Leçons.	D'après

1. Une tête d'aigle de profil . . . . }
2. Deux têtes d'aigles . . } Boël.
3. Une tête d'aigle & deux pattes . . . . . .)

4. La croupe d'un cheval qui rut . . . . Bachelier.

5. Deux têtes d'oiseau royal . . . . Desportes.

6. Une étude de lion & les deux pattes de devant. Boël.

7. Une tête de lion . . . . }
8. Une tête de lion . . . . } Sneidre.

9. Un coq qui marche . . Boël.

10. Un pigeon. Oudry.

11. Une poule qui mange. Desportes.

12. Une oye . . . . Oudry.

Numéros & Leçons.	D'après

13. Une tête de cheval bridée.

14. Une tête de cheval bridée . . . . } *Parocel.*

15. Tête de cheval de face.

16. Peau de la tête d'un lion . . . . *Slodtz.*

17. Tête de daim . . . . . . *Oudry.*

18. Tête de cheval bridée. *Parocel.*

19. Pigeon . . . . *Oudry.*

20. Tête de cheval . . . . .

21. Tête de face d'un cheval turc . . . . } *Parocel.*

22. Tête & pattes d'aigle. *Bachelier.*

23. Peau de la tête d'un lion . . . . *Slodtz.*

24. Tête de cheval . . . . . *Parocel.*

25. Patte d'aigle . . . .

26. Tête d'aigle . . . . } *Bachelier.*

27. Un singe . . . . *Oudry.*

28. Tête de chameau . . . . *Bachelier.*

29. Tête de lion . . . . *Sneidre.*

30. Une panthère . . . . . . *Desportes.*

85. Sanglier couché..... }
86. Renard en arêt..... } *Oudry.*
87. Un âne. .... }

88. Sanglier couché..... *Bidault.*

89. Croupe & tête de }
     cheval. .... } *Bachelier.*
*90. Enfemble du n.° 89.. }

91. Tigre couché....... *Vittingere.*

92. Cheval culbuté.... }
93. Cheval renverfé.... } *Vandermeulen.*

94. Bouche de cheval, }
     grandeur de nature. }
95. Bouche de cheval, } *Bachelier.*
     grandeur naturelle. }
96. Tête de bouc...... }

97. Partie fup. du loup }
     renverfé. .... }
98. Tête de bouc...... } *Bachelier.*
99. Tête de bouc...... }

100. Aigle étouffant un
     ferpent.......... *Boël.*

Numéros & Leçons.   D'après

150. Tête de chien...... *Oudry.*

151. Une tête de chien en
arrêt .... *Desportes.*

152. Une tête de chien... *Sneidre.*

153. Chien en arrêt..... *Desportes.*

154. Un lévrier........ *Sneidre.*

155. Un chien de chasse. *Desportes.*

156. Un sanglier....... } *l'Antique.*
157. Un cheval........ }

158. Tête de cheval..... *Parocel.*

159. Une perdrix....... *Bachelier.*

160. Un chat & un lapin. *Desportes.*

161. Deux lionnes...... *Benedette.*

162. Un chien braque... *Desportes.*

163. Un cheval sellé..... *La Rue.*

164. Un cheval qui rue.. } *Bachelier.*
165. Un loup renversé... }

166. Contre-partie du n.°
163............ *La Rue.*

167. Un loup renversé... *Bachelier.*

168. Une outarde....... } *Boël.*
169. Un coq........... }

170. Un coq........... *Bachelier.*

.   M

215. Un dragon en lion,
       contre - partie du
       n.º 213.............. *La Bosse.*
216. Pattes de lion......⎱ *Hallé.*
217. Pattes de lion.......⎰
218. Tête de taureau....... *Sneidre.*

FLEURS.

* 1. FEUILLES géomé-
       trales...........
* 2. Feuilles géométrales.
* 3. Feuilles avec mouve-
       ment.............
* 4. Feuilles avec mouve-
       ment............ ⎱ *Bachelier.*
* 5. Feuilles sous différens
       aspects.........
* 6. Feuilles variées.....
* 7. Feuilles géométrales
       découpées.......
* 8. Feuilles géométrales
       variées..........

M iij

* 9. Rose, anémones & feuilles de pavots.

*10. Lys, giroflée & feuilles de pommiers.....

*11. Feuilles de pavots, althea & oricules.

*12. Pivoine & roses....

*13. Roses, anémones & volubilis........

*14. Lys, anémones & renoncules.......

*15. Pivoine...........

*16. Pavots...........

*17. Pivoine, pensée & jacinthe ....

Baptiste.

*18. Lys, roses & oricules. *Bachelier.*

*19. Mérise, Tulipes & narcisses......... *Fontenay.*

*20. Pavots, tulipes semi-double & souci.....

*21. Coquelicots & semi-doubles ....

Bachelier.

*36. Quatre rofes........ ⎫
*37. Trois rofes & œillets
     d'Inde........
*38. Rofe, œillet, chèvre-
     feuille & rofe de ⎬ *Baptifte.*
     haie..........
*39. Tulipe, œillet, fleurs
     d'orange , femi -
     double & jacinthe. ⎭
*40. Groupe de feuilles en
     bordure......... *Jacque.s*
*41. Rofe , coquelicot &
     volubilis......... *Bachelier.*
*42. Rofes & pavots..... ⎫
*43. Tubéreufe , jonquille,
     narciffe & femi-dou- ⎬ *Baptifte.*
     ble ....
*44. Lilas , tulipe , fleurs
     d'orange & lys.. ⎭
45. Feuilles de pivoine.. ⎫
46. Feuilles de pivoine & ⎬ *Bachelier.*
     volubilis......... ⎭

47. Rofes , volubilis &
     encolis.........
48. Feuilles de vigne....
49. Gueule de loup &
     feuilles de vigne..
50. Feuilles de trainée. .
51. Feuilles. de vigne &
     de refend .... *Bachelier.*
*52. Gueule de loup &
     feuilles de refend.
53. Trois volubilis.....
54. Plante Africaine....

55. Volubilis ....
56. Volubilis d'Afrique.. *Baffeporte.*

57. Volubilis à feuilles
     triangulaires. ..... *Robert.*

58. Althea & clochettes..
59. Pois vivace........
60. Plante du jardin du
     Roi............... *Fontenay.*
61. Paffe-rofes........
62. Plantes étrangères...

Numéros & Leçons. D'après

*95. Contre-partie du n.°
67............... } Bachelier.
*96. Contre-partie du n.°
81............... }

*97. Contre-partie du n.°
88............... Fontenay.

*98. Contre-partie du n.°
55............. }
*99. Contre-partie du n.° } Basseporte.
56............. }

*100. Althea, contre-partie
du n.° 70....... }
*101. Contre-partie du } Bachelier.
n.° 68.......... }

*102. Contre-partie du
n.° 60.......... Fontenay.

*103. Contre-partie du
n.° 80.......... Bidault.

*104. Contre-partie du
n.° 77.......... Bachelier.

105. Plante grasse...... }
106. Plante grasse...... } Bidault.
107. Saponaria........ }

126. Giroflée simple &
     feuilles de poirée. *Bidault.*

127. Feuille de passe-rose. *Bachelier.*

128. Feuilles de pêcher.. *Bidault.*

129. Feuilles de poirée...
130. Branche de rose....
131. Pivoine...........   } *Bachelier.*
132. Tige de pavot.....

133. Plante africaine.... } *Bidault.*
134. Cheveux de Vénus.

135. Plante de l'éclaire..
136. Roses à feuilles de
     chardon.........
137. Feuilles de passe-
     roses..........
138. Feuilles de poirée.. } *Bachelier.*
139. Roses blanches sim-
     ples............
140. Ancolis , roses &
     volubilis........
141. Chardons.........

172. Deux œillets, deux lys, & une rofe..

173. Trois rofes.......

174. Trois œillets deux boutons........

175. Quatre pavots....

176. Trois rofes........   *Bidault.*

177. Trois pavots.......

178. Deux narciffes de Conftantinople & une rofe.........

179. Deux narciffes, *idem* & une rofe.......

180. Branche d'althæa... *Spendon.*

181. Œillet, anémone & narciffe.........

182. Trois pavots & une rofe...........   *Bachelier.*

183. Trois pavots & une rofe............

184. Branche d'althæa... *Spendon.*

N

ORNEMENS.

N iv

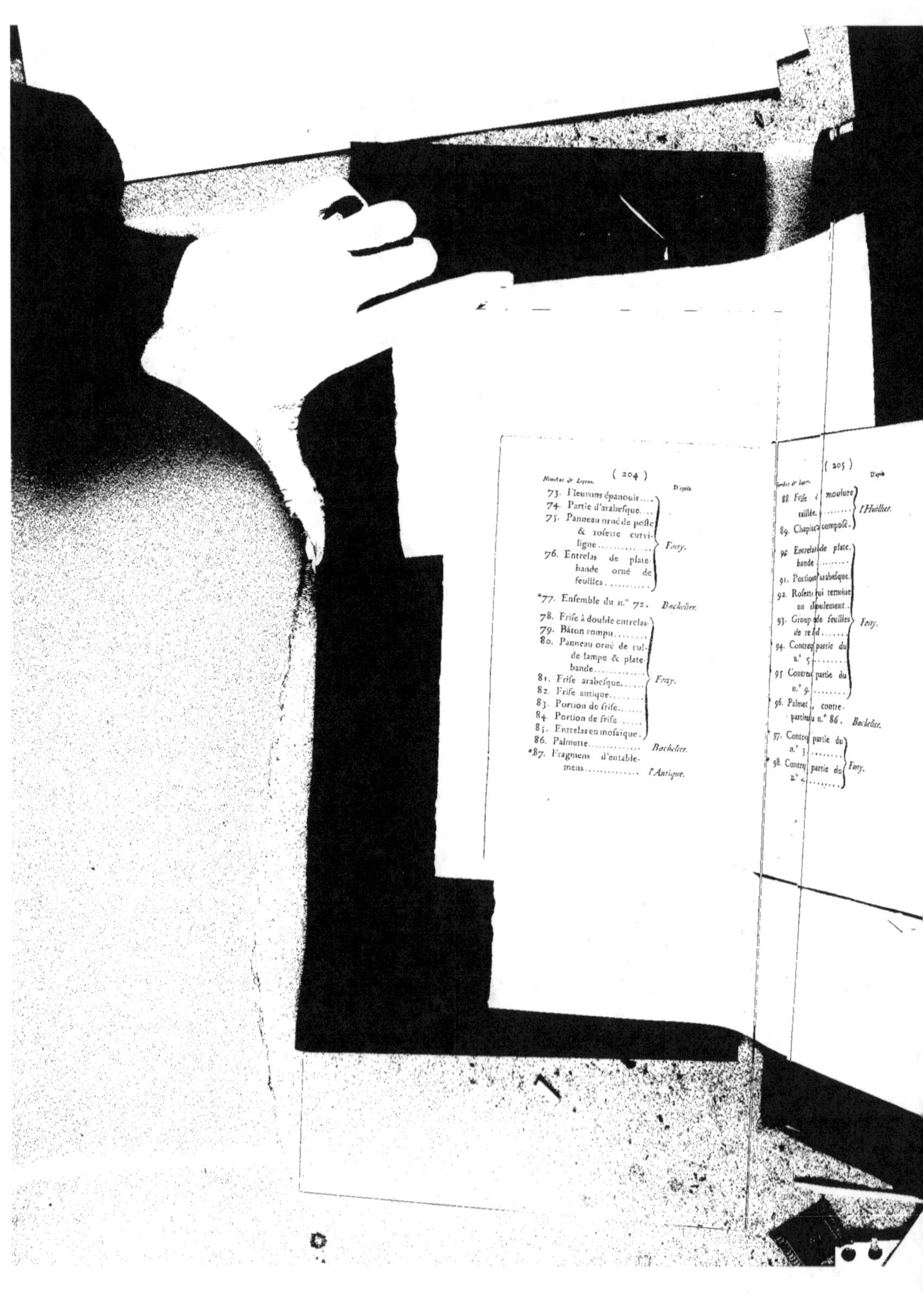

Nombres & Leçons.   D'après

73. Fleurons épanouis....
74. Partie d'arabesque....
75. Panneau orné de poste
    & rosette curvi-
    ligne.............. } Forty.
76. Entrelas de plate-
    bande orné de
    feuilles...........

*77. Ensemble du n.° 72.   Bachelier.

78. Frise à double entrelas-
79. Bâton rompu........
80. Panneau orné de cul-
    de-lampe & plate-
    bande..........
81. Frise arabesque...... } Forty.
82. Frise antique........
83. Portion de frise......
84. Portion de frise......
85. Entrelas en mosaïque.
86. Palmette...........   Bachelier.
*87. Fragmens d'entable-
    mens.............   l'Antique.

Nombres & Leçons.   D'après

88. Frise à moulure
    taillée......... } l'Huillier.
89. Chapiteau composé.

90. Entrelas de plate-
    bande ....
91. Portion d'arabesque.
92. Rosette qui termine
    un déboulement.
93. Groupe de feuilles } Forty.
    de refend......
94. Contre-partie du
    n.° 5..........
95. Contre-partie du
    n.° 9..........
96. Palmette, contre-
    partie du n.° 86.   Bachelier.
97. Contre-partie du
    n.° 3.......... } Forty.
98. Contre-partie du
    n.° 4..........

* 99. Contre - partie du n.° 43.............
*100. Contre - partie du n.° 64.............
*101. Contre - partie du n.° 40.............
*102. Contre - partie du n.° 36.............
*103. Contre - partie du n.° 29.............   *Forty.*

104. Rosettes en buissons.   *Bachelier.*

*105. Ensemble du n.° 29.
*106. Contre - partie du n.° 56.............
*107. Contre - partie du n.° 44.............
*108. Contre - partie du n.° 31.............
*109. Contre - partie du n.° 50.............
*110. Contre - partie du n.° 74.............   *Forty.*

124. Groupe de feuilles
de refend . . . .

125. Grand culot . . . .

126. Groupe de feuilles
de refend . . . . } Bachelier.

127. Grand culot . . , ...

128. Fragment du n.° 126.

129. Groupe de feuilles
d'acantes . . . .

*130. Trois frifes . . . . l'Antique.

131. Feston de lauriers.

132. Fleuron . . . . } l'Huillier.

133. Tige naissante d'un
fleuron . . . .

134. Mascaron . . . . Bouchardon.

135. Fragmens d'orne-
mens . . . . Forty.

*136. Deux vases & une
cassolette . . . . Le Brun.

137. Sept fragmens . . . . . } Forty.
138. Huit fragmens . . . . . .

Numéros & Leçons.	D'après
139. Sept fragmens.....	Forty.
140. Mascaron.........	Bouchardon.
141. Rosette à un enroulement.........	l'Huillier.
142. Enroulement arabesque.........	La Rottiere.
143. Six fragmens......	Forty.
*144. Vase............	} l'Antique.
*145. Vase de Médicis....	
146. Six fragmens.....	} Forty.
147. Sept fragmens....	
148. Fleuron à culot....	Duplessis.
149. Frise............	l'Huillier.
150. Fragment de rinceau.........	} La Rottiere.
151. Enroulement arabesque.........	
*152. Quatre ornemens de corniche........	l'Antique.
153. Agraffe..........	Messonier.
154. Vase............	l'Antique.
155. Cinq fragmens....	Forty.

. O

<table>
<tr><td>Numéros & Leçons.</td><td>D'après</td></tr>
<tr><td>177. Frise arabesque...</td><td rowspan="2">La Rottiere.</td></tr>
<tr><td>178. Bas de Pilastre...</td></tr>
<tr><td>179. Spirale arabesque..</td><td>l'Huillier.</td></tr>
<tr><td>180. Six fragmens .....</td><td rowspan="2">Forty.</td></tr>
<tr><td>181. Six fragmens.....</td></tr>
<tr><td>*182. Vase...........</td><td>l'Antique.</td></tr>
<tr><td>183. Sept fragmens....</td><td rowspan="2">Forty.</td></tr>
<tr><td>184. Sept fragmens....</td></tr>
<tr><td>*185. Quatre frises.....</td><td>l'Antique.</td></tr>
<tr><td>186. Contre - partie du
n.° 135.........</td><td>Forty.</td></tr>
<tr><td>187. Fragment de ti-
gettes...........</td><td>La Rottiere.</td></tr>
<tr><td>*188. Rosette...........</td><td>l'Antique.</td></tr>
<tr><td>189. Six fragmens.....</td><td>Forty.</td></tr>
<tr><td>190. Frise en spirale...</td><td>l'Huillier.</td></tr>
<tr><td>191. Base ornée.......</td><td>La Rottiere.</td></tr>
<tr><td>192. Frise............</td><td>l'Antique.</td></tr>
<tr><td>193. Bas de panneau orné
de culot.........</td><td>La Rottiere.</td></tr>
<tr><td>194. Ornemens de so-
phite...........</td><td>l'Huillier.</td></tr>
</table>

l'Huillier.

La Rottiere.

O iv

267. Frise en culot &
    rosette.........
268. Frise courante.... *l'Huillier.*
269. Frise de deux mo-
    tifs............

270. Mascaron......... *Bouchardon.*

271. Membre de cor-
    niche orné...... *Jallier.*

272. Base de piedestaux.
273. Base de pilastre ca-
    nelée.......... *l'Huillier.*
274. Moitié du chapiteau
    composite.......

275. Mascaron......... *Bouchardon.*
276. Trois frises....... *La Rottiere.*
277. Milieu de frise symé-
    trique.........
278. Frise avec enroule- *l'Huillier.*
    ment........
279. Frise courante.....
280. Frise courante..... *La Rottiere.*

281. Sophite avec con-
fole............ *l'Huillier.*

282. Trois moulures dé-
corées. ....

283. Panneau à deffins
répétés.........

284. Lyre d'Apollon &   *La Rottiere.*
bouclier........

285. Enroulement ara-
befque..........

286. Confole à perle...

287. Grand culot en feuille
d'acanthe........ *l'Huillier.*

288. Deux fragmens de
corniches.......

289. Deux fragmens de   *Jaillier.*
corniches........

290. Fragment de mou-
lure............

291. Portion de chapi-   *La Rottiere,*
teau compofite...

332. Panneau fymétrique.
333. Buiffon de feuilles
de refend. . . . . . . } *La Rottiere.*

334. Deux vafes & trois
cors de chaffe. . . .
335. Deux vafes. . . . . . .
336. Quatre bras de con-
foles. . . . . } *Bachelier.*
337. Vafe de l'hymen. . .

338. Pilaftre arabefque. .
339. Pofte à rinceau. . . .
340. Milieu arabefque. . . .
341. Bas de pilaftre. . . .
342. Frife en pofte. . . . . } *l'Huillier.*
343. Panneau cadrillé. . . .
344. Arabefque légère. .
345. Arabefque fymétri-
que. . . . . }

346. Deux parties fupé-
rieures de con-
foles. . . . . *Bachelier.*

Numéros & Leçons.		D'après
377.	Portion de corniche d'entablement.....	l'Huillier.
378.	Trophée militaire..	Le Brun.
379.	Portion du chapiteau Ionique...........	La Rottiere.
380.	Trophée militaire..	Genet.
381.	Sophite antique.....	La Rottiere.
382.	Trépied...........	} Bachelier.
383.	Vase.............	
384.	Chapiteau, contre-partie du n.° 379.	} La Rottiere.
385.	Chapiteau Ionique.	
386.	Arabesque avec vase & corne...........	
387.	Trophée militaire contre-partie du n.° 380.........	Genet.
388.	Trois vases........	} Bachelier.
389.	Vase torse........	
390.	Trois Vases......	
391.	Autel............	

.P

392. Moitié de panneau
    antique......... *l'Huillier.*

393. Mascaron .... *Bouchardon.*

394. Vase en cassolette. *Bachelier.*

395. Rinceau en feuille
    d'eau ....

396. Contre - partie du
    n.° 362.......... } *Salambier.*

397. Contre - partie du
    n.° 361..........

398. Vase............ }
399. Éguerre............ } *Bachelier.*

400. Contre - partie du
    n.° 377.......... *l'Huillier.*

401. Un vase décoré de
    deux cariatides..... *Bachelier.*

402. Vase avec un bas-
    relief.............

403. Culot............. *Covet.*

404. Chiffre............ *Forty.*

405. Trépied.......... }
406. Deux vases & une } *Bachelier.*
    console..........

437. Ensemble du n.°
     405............ *Salanbier.*

438. Ensemble du n.°
     400............ *l'Huillier.*

439. Ensemble du n.°
     391............
440. Ensemble du n.°
     401............ } *Bachelier.*
441. Ensemble du n.°
     406............

442. Ensemble du n.°
     360............ *Salanbier.*

443. Ensemble du n.°
     382............
444. Ensemble du n.°
     383............
445. Ensemble du n.°
     399............ } *Bachelier.*
*446. Un dossier de fau-
     teuil & trophée...
447. Ensemble du n.°
     402............

[illegible]

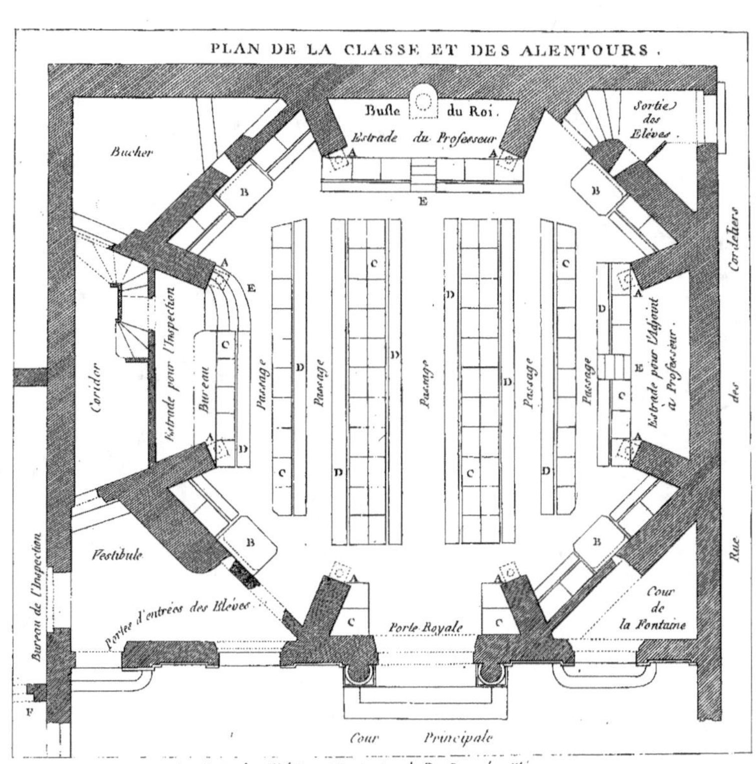

PLAN DE LA CLASSE ET DES ALENTOURS.
Buste du Roi.
Estrade du Professeur
Sortie des Eleves.
Bucher
B
A
E
Coridor
Estrade pour l'Inspection
Bureau
Passage
C
D
Cordeliers
des
Rue
Estrade pour l'Adjoint au Professeur.
Vestibule
Bureau de l'Inspection
Portée d'entrées des Eleves
B
C
Porte Royale
C
Cour de la Fontaine
F
Cour Principale
A . Bustes des Ministres et Magistrats .
B . Poëles .
C . Tables et Places des Eleves .
D . Bancs des Eleves .
E . Escaliers des Estrades .
F . Cabinet de l'Inspection .